Leseprobe

Die vollständige Ausgabe
wird ca. 220 Seiten haben
und am 26. September 1985
im Buchhandel sein

THOMAS PYNCHON

SPÄTZÜNDER

Frühe Erzählungen

Deutsch von Thomas Piltz
und Jürg Laederach

Rowohlt

Satz Janson (Linotron 202)
Gesamtherstellung Clausen & Bosse, Leck
Printed in Germany
ISBN 3 498 05252 7

Der kleine Regen

Draußen schmorte das Kasernengelände langsam unter der Sonne. Die Luft stand bewegungslos, dampfigschwül. Grelles Sonnenlicht wurde gelb von den Sandflächen zurückgeworfen, die die Funkbaracken der Kompanie umgaben. Drinnen war niemand, ausgenommen einen Kasinohelfer, der schläfrig und rauchend an einer Wand lehnte, und eine bewegungslose Gestalt im Arbeitsdrillich, die auf einem Feldbett lag und in einem Paperback las. Der Kasinohelfer gähnte und spuckte in den heißen Sand hinaus, und die Gestalt auf dem Feldbett, die Levine hieß, blätterte eine Seite um und rückte sich das Kissen unter dem Kopf zurecht. Irgendwo brummte ein großer Moskito gegen eine Fensterscheibe, irgendwo anders war ein Radio auf eine Rock 'n' Roll-Station in Leesville eingestellt, und draußen staubten oder rumpelten Jeeps und Zweieinhalbtonner ohne Pause hin und her. Das war Fort Roach, Louisiana, damals um die Julimitte 1957. Nathan «Fettarsch» Levine, Hauptgefreiter im technischen Dienst, ist diesem Bataillon, dieser Kompanie, diesem Feldbett zugeteilt seit nunmehr dreizehn Monaten, fast vierzehn. Ft. Roach für das genommen, was es war, hätte dieser Umstand ausgereicht, um gewöhnlichere Seelen in den Selbstmord oder zumindest Wahnsinn zu treiben; was er oft genug auch tat, wenn man gewissen, mehr oder minder unterdrückten Army-Statistiken glaubte. Levine allerdings war nicht so ganz gewöhnlich. Er war einer der wenigen – abgesehen von denen, die auf einen Jagdschein aus waren –, die Ft. Roach tatsächlich *mochten*. Er hatte es sich zur Heimat gemacht, leise und unauffällig. Die eckigen Kanten seines Bronx-Akzents waren zu einem träge schleppenden Tonfall aufgeweicht und abgeschliffen; er hatte entdeckt, daß der übliche Schwarzgebrannte – meist pur oder gemixt mit dem, was gerade aus dem Cola-Automaten der Kaserne kam – auf seine Weise ebenso genießbar war wie Scotch auf Eis; er hörte den Hillbilly-Gruppen in den Kneipen der umliegenden Städte ebenso verzückt zu wie einst Lester Young oder Gerry Mulligan im Birdland. Er war über einsachtzig und schlaksig, aber was einige Studentinnen im City College mal die Figur eines Ackerknechts genannt hatten, starkknochig und muskulös, war nach dreijährigem Sich-Drücken vor Arbeitseinsätzen schwammig geworden. Er hatte einen hübschen Bierbauch jetzt, auf den er mit einem gewissen Stolz hinunterblickte, und ein voluminöses Hinterteil, auf das er weniger stolz war und das ihm seinen Spitznamen eingetragen hatte.

Der Kasinohelfer schnippte seine Zigarettenkippe in den Sand hinaus und sagte: «Schau, wer kommt.»

«Wenn's der General ist, sag, ich schlafe», erwiderte Levine. Er zündete sich eine Zigarette an und gähnte.

«Nein», sagte der Kasinohelfer, «es ist Twinkletoes.» Er lehnte sich wieder an die Wand zurück und schloß die Augen. Von der Veranda waren schnelle Schritte von kleinen Füßen zu hören, und ein Virginia-Akzent sagte: «Capucci, du nichtsnutziger Bastard.» Der Kasinohelfer klappte die Augen auf. «Fick dich doch ins Knie», sagte er. Twinkletoes Dugan, der Kompanieschreiber, kam in den Raum und mit unwirsch geschürzten Lippen auf Levine zu. «Wer kriegt dieses Hurenbuch nach dir, Levine?» fragte er. Levine klopfte die Asche seiner Zigarette in den Helmeinsatz, der ihm als Aschenbecher diente. «Der Müllkübel wahrscheinlich», grinste er. Die geschürzten Lippen verdünnten sich zu einem Strich. «Lieutenant will dich sehen», sagte Dugan, «also beweg deinen fetten Arsch und alles übrige zur Schreibstube.» Levine blätterte eine neue Seite um und begann zu lesen. «Hey», sagte der Kompanieschreiber. Levine lächelte unergründlich. Dugan war einer von den Einberufenen. Er hatte zwei Jahre an der University of Virginia hinter sich, ehe er dort rausgeflogen war, und wie die meisten Schreibstubenhengste eine sadistische Ader. Auch sonst war er ein interessanter Bursche. Zum Beispiel hielt er es für eine unleugbare Tatsache, daß die Nationale Liga zur Förderung der Farbigen eine kommunistische Kabale mit dem geheimen Ziel einer hundertprozentigen Mischverehelichung der weißen und der schwarzen Rasse war und daß der Virginia-Gentleman den endlich gekommenen Übermenschen inkarnierte, der an der Erfüllung seiner hohen Bestimmung nur durch die üblen Machenschaften der New Yorker Juden gehindert wurde. Vor allem der letzte Punkt trug dazu bei, daß Dugan und Levine nicht übermäßig gut miteinander auskamen.

«Lieutenant will mich sehen», sagte Levine. «Soll das etwa heißen, daß du meine Urlaubspapiere fertig hast? Zum Teufel», er blickte auf die Uhr, «es ist erst kurz nach elf. Gratuliere, Dugan. Fünfeinhalb Stunden vor der Zeit.» Er wiegte anerkennend den Kopf. Dugan lächelte süßsäuerlich. «Ich glaub nicht, daß es um deinen Urlaub geht. Könnte eher sein, daß du noch 'ne Weile drauf warten mußt.»

Levine ließ das Buch sinken und drückte seine Zigarette im Helmeinsatz aus. Er verdrehte die Augen zur Decke. «Herr im Himmel», sagte er ruhig, «was hab ich nun schon wieder ausgefressen. Sag bloß nicht, daß sie mich einbuchten wollen. Nicht schon wieder.»

«Ist erst ein paar Wochen her, seit du zuletzt im Bunker warst, stimmt's?» sagte der Schreiber. Levine kannte diesen Schachzug. Er dachte eigentlich, daß Dugan es längst aufgegeben hätte, ihm Angst einjagen zu wollen. Aber Burschen wie er gaben anscheinend niemals auf. «Also komm raus aus der Falle, kann ich dir nur raten.» Das «raus» klang düster bei ihm, fast wie «Ruß». Es irritierte Levine. Er griff nach dem Buch und begann zu lesen. «Schon verstanden», sagte er und salutierte mit einem spitzen Finger. «Und jetzt hau ab, weißer Mann.» Dugan stierte ihn an, dann drehte er sich um und ging. Anscheinend kriegte er auf dem Weg nach draußen das M 1 des Kasinohelfers zwischen die Beine, denn es gab ein plötzliches Gepolter, und Capucci sagte: «Herrgott, was bist du für ein unkoordinierter Bastard.» Levine schlug sein Buch zu, rollte es zusammen, drehte sich auf die Seite und stopfte es in die Gesäßtasche. Dann blieb er etwa eine Minute so liegen und sah einer Kakerlake zu, die sich durch ihr unsichtbares Labyrinth am Boden wand. Schließlich gähnte er und wuchtete sich vom Feldbett hoch, kippte die Stummel und die Asche aus seinem Helmeinsatz auf den Boden und setzte sich den Einsatz auf den Kopf, tief in die Augen gezogen. Als er aus dem Zimmer ging, fuhr er dem Kasinohelfer durch die Haare. «Wo brennt's denn», sagte Capucci. «Ach, das Pentagon mal wieder», sagte Levine. «Sie lassen mich einfach nicht in Frieden.»

Er schlurfte durch den Sand auf das Gebäude zu, in dem die Schreibstube lag, und spürte schon das Stechen der Sonne durch seine Kopfbedeckung. Der Verwaltungstrakt war von einem grünen Saum umgeben, dem einzigen Rasen auf dem ganzen Gelände. Vorne und zur Linken sah er bereits die erste Schicht, die sich vor der Kantine zum Essenfassen anstellte. Er bog auf den Kiesweg ein, der zum Schreibzimmer führte. Er erwartete, daß Dugan vor der

Tür oder mindestens am Fenster stehen und nach ihm Ausschau halten würde, aber als er den Raum betrat, sah er den Schreiber im Hintergrund an seinem Tisch sitzen und eifrig auf die Schreibmaschine einhacken. Levine lehnte sich auf die Schranke vor dem Pult des wachhabenden Sergeants. «Hi, Sarge», sagte er. Der Sergeant blickte hoch. «Wo zum Teufel hast du gesteckt», sagte er, «hinter einem Hurenbuch?» – «Stimmt genau, Sarge», sagte Levine, «ich hab auf Sergeant studiert.» Der Wachhabende legte seine Stirn in Falten. «Lieutenant will dich sehen», sagte er.

«So hab ich's gehört», sagte Levine. «Wo isser?»

«Im Gemeinschaftsraum», antwortete der Sergeant, «mit allen andern.»

«Was liegt an, Sarge? Irgendwas Besondres?»

«Geh rein und find's raus», sagte der Sergeant mürrisch. «Herrgott, Levine, mir sagt doch keiner was, das solltest du langsam wissen.»

Levine verließ die Schreibstube und ging um das Gebäude herum zum Gemeinschaftsraum. Durch das Fliegengitter der Tür hörte er den Lieutenant sprechen. Er drückte die Tür auf. Der Lieutenant und ungefähr ein Dutzend Soldaten und Funker der B-Kompanie saßen oder standen um einen Tisch herum und steckten ihre Köpfe in eine ausgebreitete Karte, die mit Kaffeeflecken und -ringen gesprenkelt war. «DiGrandi und Siegel», sagte der Lieutenant gerade, «Rizzo und Baxter –» er blickte auf und sah Levine. «Levine, Sie fahren mit Picnic.» Er faltete die Karte achtlos zusammen und stopfte sie in seine Gesäßtasche. «Alles klar?» Die Männer nickten. «Okay, das wär dann alles bis eins. So lange habt ihr Zeit, um die Wagen aus der Fahrbereitschaft zu holen und euch marschfertig zu machen. Wir sehen uns in Lake Charles wieder.» Er setzte seine Mütze auf und ging und ließ die Fliegengittertür mit einem Scheppern hinter sich zufallen. «Zeit für 'n Cola», sagte Rizzo. «Hat jemand 'ne Kippe übrig?» Levine setzte sich auf einen Tisch und sagte: «Was ist eigentlich los?»

«Ach Gott», sagte Baxter. Er war klein und blond und kam von einer Farm in Pennsylvanien. «Willkommen in unserm Klub, Levine. Es geht mal wieder um die verdammten Cajuns. Die haben für alles Schilder aufgestellt, klar, Hunde und Militär vom Rasen fernhalten und was weiß ich. Aber sobald nur das Geringste schiefläuft, nach wem schreien sie dann?»

«Nach dem 131. Funkbataillon», sagte Rizzo. «Nach uns.»

«Wohin in aller Welt geht's denn um eins?» fragte Levine. Picnic stand auf und marschierte in Richtung Cola-Automat. «Irgendwo draußen bei Lake Charles», sagte er. «Die hatten einen Sturm oder was. Die Leitungen sind unten.» Er schob einen Nickel in den Schlitz, und wie üblich passierte gar nichts. «Die B-Kompanie wird's schon richten.» Dann wurde seine Stimme ölig und sanft. «Sei friedlich, *Beebi*», flüsterte er zum Cola-Automaten und versetzte ihm einen heftigen Tritt. Nichts geschah. «Paß auf, daß du ihn nicht umschmeißt», sagte Baxter. Picnic hämmerte an bestimmten, strategisch ausgewählten Stellen auf die Maschine ein. Drinnen klickte es, und zwei Strahlen, Sodawasser und Cola-Konzentrat, begannen zu spritzen. Kurz bevor sie fertig waren, fiel ein leerer Plastikbecher in den Schacht und wurde von außen mit Konzentrat bekleckert. «Mein Gott, bist du smart», sagte Picnic. «Er ist neurotisch», sagte Rizzo. «Bei der Hitze dreht er eben durch.» Sie redeten eine Weile, spekulierten und fluchten auf die Cajuns und auf die Army, rauchten und tranken Cola, bis Levine schließlich aufstand, seine Hände in die Taschen schob, den Bauch rausstreckte und sagte: «Na ja. Dann werd ich wohl packen.»

«Wart 'ne Minute», sagte Picnic. «Ich komm mit.» Sie

gingen durch die Fliegengittertür hinaus und über den Kiesweg zurück zur Sandwüste um die Funkbaracken. Ihre Füße schleiften durch den Staub, die stehende Luft und die stechende Sonne ließen ihnen den Schweiß ausbrechen. «Langeweile ist ein Fremdwort bei uns, Benny», sagte Levine. «So wahr mir Gott helfe», sagte Picnic. Sie tanzten den Palisaden-Shuffle durch die Eingangstür, und als Capucci fragte, ob sie noch ganz dicht seien, zeigten sie ihm den Vogel, exakt und synchron wie ein Vaudeville-Team.

Levine zerrte seinen Wäschesack heraus und fing an, Arbeitsklamotten, Unterzeug und Socken hineinzuwerfen. Obenauf legte er seine Rasiersachen, dann, nach einer Denkpause, quetschte er noch eine blaue Baseballmütze an den Rand. Schließlich stand er eine Weile da und runzelte die Stirn und rief: «Hey, Picnic.»

«Jou», antwortete Picnic vom anderen Ende des Gangs.

«Ich kann ja gar nicht mit zu diesem Einsatz. Weil ich nämlich Urlaub habe ab halbfünf.»

«Was packst du dann», sagte Picnic.

«Vielleicht geh ich gleich mal rüber und berede das mit Pierce.»

«Der ist beim Essen, wahrscheinlich.»

«Essen müssen wir ja auch noch. Komm mit.»

Sie trotteten wieder hinaus, in die Sonne, durch den Sand, rund um den Kantinenbau zur Hintertür. Lieutenant Pierce saß an einem leeren Tisch in der Nähe der Ausgabetheke. Levine ging zu ihm.

«Da wär noch was», sagte er.

Der Lieutenant blickte hoch. «Ärger mit den Wagen?» sagte er. Levine kratzte sich am Bauch und schob sich den Helmeinsatz aus der Stirn. «Das ist es nicht», sagte er, «aber mein Urlaub fängt um halbfünf an, und ich hab überlegt.» Pierce ließ die Gabel fallen, die er in der Hand hatte.

Sie schlug mit einem scharfen Klirren aufs Tablett. «Nein», sagte er, «mit diesem Urlaub müssen Sie sich eine Weile gedulden, Levine.» Levine lächelte das breite, wirre Idiotenlächeln, von dem er wußte, daß es dem Lieutenant an die Nerven ging. «Teufel», sagte er, «seit wann bin ich so unersetzlich für die Kompanie?» Pierce seufzte verdrossen. «Sehen Sie mal, Sie kennen doch die Lage in der Kompanie so gut wie jeder andere. Der Befehl sagt, wir sollen unsere Spezialisten vom technischen Dienst schicken, die besten, die wir haben. Leider haben wir überhaupt keine Besten. Also muß es auch mit Ihnen gehen, Schlappschwänze wie Sie sind alles, was wir bieten können.» Pierce war vom Reserve Officers' Training Corps und hatte am M.I.T. studiert. Er war gerade Oberleutnant geworden und mußte sich anstrengen, um nicht zuviel von seiner Macht zu spüren. Wenn er sprach, hörte man einen präzisen, trockenen Bostoner Akzent heraus. «Lieutenant», sagte Levine, «Sie waren auch mal jung. Ich hab 'ne Puppe in N' Orleans, die wartet auf mich. Geben Sie der Jugend ihre Chance. Funktechniker gibt's Hunderte, die besser sind als ich.» Der Lieutenant lächelte grimmig. Wann immer solche Dinge aufkamen, empfanden beide eine unausgesprochene und gegenseitige Achtung voreinander. Äußerlich konnten sie nichts miteinander anfangen. Aber jeder hatte das undeutliche Gefühl, dem anderen ähnlicher zu sein, als er es gerne zugab, ähnlich vielleicht wie ein verleugneter Bruder. Als Pierce nach Roach gekommen war und von Levine erfahren hatte, versuchte er anfangs, ihm ins Gewissen zu reden. «Sie vergeuden Ihre Talente, Levine», predigte er immer wieder. «Sie haben College-Abschluß, den höchsten IQ im ganzen verdammten Bataillon, und was machen Sie damit? Sitzen im elendsten Pestloch der ganzen Army herum und sehen zu, wie Ihr Hintern täglich breiter wird. Warum melden Sie sich nicht zu einem Offizierslehrgang? Wahrscheinlich würde man Sie sogar in West Point nehmen. Und warum sind Sie überhaupt freiwillig Soldat geworden?» Worauf Levine mit einem zögerlichen Grinsen, das weder wirklich reuevoll noch wirklich spöttisch war, zu antworten pflegte: «Tcha, ich dachte wohl, daß ich am besten in den Mannschaftsrängen bleibe und 'ne Karriere daraus mache.» Anfangs ging der Lieutenant regelmäßig in die Luft, wenn Levine so was sagte, er verlor fast die Beherrschung. Später drehte er sich einfach um und ging, und schließlich hatte er es aufgegeben, noch ernsthaft mit Levine zu reden. Jetzt sagte er: «Sie sind bei der Armee, Levine. Urlaub ist kein Recht, sondern ein Vorrecht.» Levine steckte seine Hände in die hinteren Hosentaschen. «Ach so», sagte er. «Na dann, okay.»

Er drehte sich um und ging langsam, die Hände in den Taschen, zum Tablettstapel hinüber. Er griff sich ein Tablett und das Besteck und stellte sich an der Theke an. Es war wieder Stew. Donnerstag schien immer der Stew-Tag zu sein. Er ging zu dem Tisch, an dem Picnic schon beim Essen war und sagte: «Gespannt, was ich habe?»

«Kein bißchen», sagte Picnic. Sie aßen und marschierten raus aus der Kantine und etwa eine Meile weit durch Sand und auf Beton, schweigend, mit schleppendem Schritt, während die Sonne auf sie herunterbrannte und sich durch die Helmeinsätze und die Haare bis zum Skalp voranarbeitete. Um Viertel vor eins kamen sie bei der Fahrbereitschaft an, wo die meisten anderen und sechs Dreivierteltonner mit Funkausrüstung im Laderaum schon auf sie warteten. Levine und Picnic stiegen in einen der Wagen ein, Picnic am Steuer, und sie folgten den anderen Fahrzeugen zu den Gebäuden ihrer Kompanie. Dort holten sie ihre Wäschesäcke und schmissen sie durch die Hecktür auf die Ladefläche.

Sie fuhren in südwestlicher Richtung los, mitten durch Sümpfe und an Farmland vorbei. Als sie in die Nähe des Städtchens De Ridder kamen, zeigten sich Wolken am südlichen Himmel. «Regen?» sagte Picnic. «Das hat uns noch gefehlt.» Levine hatte eine Sonnenbrille aufgesetzt und las wieder in seinem Paperback, irgendeinem Schmöker mit dem Titel *Das Weib aus den Sümpfen.* «Je länger ich drüber nachdenke», sagte er träge, «desto mehr glaub ich, daß ich diesem Lieutenant eines Tages eins in die Fresse hauen werde.»

«Ist 'n ziemlicher Mistkerl, isser», stimmte Picnic zu.

«Ich meine», sagte Levine und legte sich das Buch aufgeschlagen auf den Bauch, «manchmal wünsch ich mir fast, ich wär wieder in New York im College. Und das ist schlimm.»

«Schlimm wieso?» sagte Picnic. «Ich würde jeden Tag lieber zur Akademie zurückgehn, statt diesen Stumpfsinn hier zu machen.»

«Nein», sagte Levine und runzelte die Stirn, «du gehst nicht zurück. Ich selber kann mich nur an einziges Mal erinnern, wo ich zurückgegangen bin, und das war zu 'ner Puppe. Und es war auch schlimm.»

«Yeah», sagte Pic. «Du hast mir's erzählt. Du hättest zurückgehn sollen. Ich wünschte, ich könnte's. Auch wenn's nur zur Kaserne wäre, um zu schlafen.»

«Man kann überall schlafen», sagte Levine. «Ich jedenfalls.»

In De Ridder bogen sie nach Süden ab. Genau vor ihnen, grau und bedrohlich, türmten sich die Wolken. Zu beiden Seiten erstreckte sich Sumpfgelände, grau und moosgrün und faulig riechend, das hin und wieder von kargem Farmland unterbrochen wurde. «Willst du das nach mir lesen?» fragte Levine. «Es ist ziemlich gut. Handelt nur von Sümpfen. Und von dieser Puppe, die in ihnen lebt.»

«Tatsächlich?» sagte Picnic, die Augen finster auf den Wagen vor ihnen geheftet. «Ich wollte, es gäbe so was in den Sümpfen hier. Ich würde mir 'ne Hütte bauen, irgendwo tief drin, wo Uncle Sam mich niemals findet.»

«Klar würdest du das», sagte Levine.

«Jedenfalls weiß ich verdammt genau, daß *du* das tätest.»

«Bis ich genug hätte, zumindest», sagte Levine.

«Warum legst du dir eigentlich keine Familie zu, Nathan», sagte Picnic. «Suchst dir ein nettes, ruhiges Mädchen und ziehst mit ihr in den Norden?»

«Weil mein Herz der Armee gehört», sagte Levine.

«Ihr Dreißiger seid alle gleich. Glaubt Pierce dir eigentlich dieses Gerede vom Verlängern noch?»

«Weiß nicht. Ich glaub nicht, warum sollte er. Aber vielleicht sag ich ja die Wahrheit und leg noch ein paar Jahre zu. Am besten warten wir's einfach ab, bis es soweit ist.»

Sie fuhren etwa zwei Stunden so weiter, sobei sie in regelmäßigen Abständen Wagen als Relaisstationen für die Funkverbindung nach Ft. Roach zurückließen; als sie in den Außenbezirken von Lake Charles ankamen, waren nur noch zwei Wagen übrig. Rizzo, der mit Baxter voranfuhr, winkte Levine und Picnic an den Straßenrand. Der Himmel war inzwischen ganz bedeckt, und es wehte ein leichter Wind, der sie in ihrer durchgeschwitzten Arbeitskluft frösteln machte. «Suchen wir uns eine Kneipe», sagte Rizzo, «und warten, bis der Lieutenant nachkommt.» Rizzo war Unterfeldwebel und der Intellektuelle der Kompanie. Man konnte ihn auf seinem Feldbett bei der Lektüre von *Das Sein und das Nichts* oder *Form und Bedeutung in der modernen Lyrik* antreffen, wogegen er den Krimis, Western oder Sexromanen, die ihm die Kameraden unverdrossen auszuleihen versuchten, nur Verachtung schenkte. Er, Picnic und Levine hielten oft lange nächtliche Palaver im PX oder in der Imbißstube ab, wobei es meistens Rizzo war, der den Löwenanteil der Konversation bestritt. Sie fuhren in das Städtchen hinein und fanden ein ruhiges Lokal in der Nähe einer High School. Ein paar Schüler hingen an der Bar, sonst war der Laden leer. Sie suchten sich einen Tisch im Hintergrund, und Rizzo verschwand aufs Klo, Baxter in Richtung der Tür. «Bin gleich zurück», sagte er, «ich hol 'ne Zeitung.» Levine saß da und trank sein Bier und brütete. Er hatte oft diese Gewohnheit, seine Lippen zu spitzen wie Marlon Brando und sich in der Achselhöhle zu kratzen. Manchmal, je nach Laune, machte er leise Affengeräusche dazu. «Picnic, wach auf», sagte er schließlich. «Der General kommt.»

«Du mich auch», sagte Picnic.

«Sei nicht so sauer», sagte Rizzo, der vom Klo zurückkam. «Mach's wie ich oder der Fettarsch hier, immer fröhlich und vergnügt.»

In diesem Augenblick kam Baxter mit einer Zeitung reingerannt, ganz aus dem Häuschen. «Hey», rief er, «wir sind in den Schlagzeilen.» Es war ein Lokalblatt aus Lake Charles, und als er es auf dem Tisch auseinanderfaltete, sah man diese seitenbreite, fette Schlagzeile: 250 VERMISSTE NACH HURRICANE. «Hurricane?» sagte Picnic. «Wer zum Teufel hat was von einem Hurricane gesagt?»

«Vielleicht kriegt die Navy keine Maschine hoch», sagte Rizzo, «und nun sollen wir das Auge suchen oder so was.»

«Bin aber doch gespannt, wie's dort draußen aussieht», sagte Baxter nachdenklich. «Himmelherrgott, es muß schon ziemlich schlimm sein, wenn sie überhaupt keine Nachrichtenverbindungen mehr haben.»

Der Hurricane, so stellte sich heraus, hatte eine kleinere Ortschaft namens Creole, die etwa zwanzig Meilen von Lake Charles auf einer Insel, oder eher einem Höhenrükken, im Bayou-Gebiet an der Golfküste lag, so gut wie völlig ausgelöscht. Das ganze Schlamassel ging offensichtlich auf eine Panne beim Wetterdienst zurück: Am Mittwoch nachmittag, als die Bewohner des Ortes mit der Evakuierung begannen, hatten die Wetterfrösche eine Meldung herausgegeben, nach der der Hurricane nicht vor der Nacht von Donnerstag auf Freitag zu erwarten sei. Die Leute wurden aufgefordert, die Straßen nicht zu verstopfen. Sie hätten noch eine Menge Zeit. Irgendwann zwischen Mitternacht und drei Uhr früh am Donnerstag schlug der Hurricane zu, genau auf Creole. Die Nationalgarde sei alarmiert, hieß es weiter im Artikel, ebenso das Rote Kreuz, die Army und die Navy. Die Luftwaffe versuchte, von ihrer Basis in Biloxi Flugzeuge in die Luft zu bringen, aber die Wetterbedingungen waren miserabel. Eine der großen Ölgesellschaften stellte mehrere Hochseeschlepper für die Bergungsarbeiten zur Verfügung. Creole würde wahrscheinlich zum Katastrophengebiet erklärt werden. Und so weiter. Sie tranken noch ein paar Bier und redeten vom Hurricane, und alle waren sich einig, daß sie sich in den nächsten Tagen wahrscheinlich ihren Arsch abarbeiten würden, was zu einigen obszönen und gereizten Äußerungen über das Wesen der amerikanischen Armee führte. «Dann laßt euch doch verlängern», höhnte Rizzo, «euch bleibt noch Zeit, ihr werdet noch genommen. *Ich* hab verdammte 382 Tage vor mir. Herr im Himmel, ich steh das nie durch.» Levine grinste. «Blödsinn», sagte er, «du bist verbittert, das ist alles.» Als sie die Kneipe verließen, regnete es, und es war kühler geworden. Sie kletterten in ihre Wagen und kurvten durch Pfützen aus dem Ort hinaus zu dem Treffpunkt, den Lieutenant Pierce mit ihnen ausgemacht hatte. Es war noch keine Spur von ihm zu sehen. Levine und Picnic saßen in ihrem geparkten Fahrzeug und hörten dem Regen zu, der auf das Dach trommelte. Levine zog das *Weib aus den Sümpfen* aus der Tasche und las weiter.

Nach einiger Zeit kam Rizzo herüber und pochte ans Fenster. «Der General kommt», sagte er und deutete die Straße hinunter. Durch den Regen hindurch konnten sie einen Jeep mit einer verdreckten Gestalt in Khaki am Steuer erkennen. Der Jeep hielt neben Rizzos Wagen, und der Fahrer sprang heraus und kam mit unsicheren Schritten auf Rizzo zugelaufen. Er war unrasiert und hatte rotgeränderte Augen. Seine Uniform war zerfetzt und schmutzig, und seine Stimme zitterte leicht, als er zu sprechen begann. «Seid ihr von der Nationalgarde?» fragte er lauter, als es nötig gewesen wäre. «Ha», bellte Rizzo zurück, «bloß das nicht. Wir sehen vielleicht so aus, aber wir sind's nicht.»

«Ach so.» Er drehte sich um, und Levine erkannte mit einem leisen Schreck die beiden silbernen Balken auf seinen Schulterklappen. Dann schüttelte der Mann den Kopf: «Es ist ziemlich ungemütlich dort draußen», murmelte er und ging zurück zu seinem Jeep.

«Tut mir leid, Sir», rief ihm Levine nach. Und nach einem Augenblick, leiser: «Gott im Himmel, Rizzo, hast du das gesehen?»

Rizzo lachte. «Der Krieg ist die Hölle», sagte er mitleidlos.

Sie hockten noch eine weitere halbe Stunde herum, bis der Lieutenant endlich auftauchte. Sie erzählten ihm von dem Hauptmann, der die Nationalgarde suchte, und von dem Zeitungsartikel über den Hurricane. «Okay, setzen wir uns in Bewegung», sagte Pierce. «Dort hinten machen sie uns die Hölle heiß wegen der Funkverbindung.»

Wie sich herausstellte, hatte die Army das McNeese State College am Stadtrand requiriert und zum Hauptquartier für ihre Operationen gemacht. Es war schon dunkel, als die beiden Wagen von einer der stillen Campus-Straßen in einen großen, grasbewachsenen Innenhof einbogen. «Hey», brüllte Picnic zu Baxter, «sehn wir mal, wer seinen zuerst hochkriegt.» Sie stellten die zwölf Meter hohen Antennenmasten auf. Baxter und Rizzo gewannen. «Auch recht», sagte Levine, «kauf euch ein Bier, sobald wir diesen ganzen Schrott am Laufen haben.» Picnic machte sich über den TCC 3 her, und Levine begann, den AN/GRC 10 zu installieren. Etwa um Mitternacht stand die Funkverbindung.

Baxters Kopf erschien in der Hecktür des Wagens. «Ihr beiden schuldet uns ein Bier», sagte er.

«Hast du 'ne Ahnung, wo hier die Kneipen sind?» fragte Levine. «Du bist doch unser College-As», sagte Baxter. «Du und Rizzo. Ihr müßtet eigentlich wittern, wo's langgeht.»

«Ja, Nathan», sagte Picnic sanft, während er von seinem TCC 3 aufblickte. «Du mußt dich hier doch wie ein Alter Herr fühlen.»

«Klar», sagte Levine, «klar, zurück zum Klassentreffen. Warum geb ich dir eigentlich keine übers Maul oder so was.»

«Warum spendierst du uns kein Bier?» sagte Baxter.

Ein paar Häuserblocks weiter entdeckten sie eine kleine Studentenkneipe. In McNeese fanden gerade Sommerkurse statt, so daß sie einige Pärchen drinnen vorfanden, die zu Rhythm-and-Blues-Platten tanzten. Außerdem gab es ein Regal mit Bierkrügen, auf denen Namen standen. Es war diese Art von Lokal. «Na ja», sagte Baxter fröhlich, «Bier ist Bier.»

«Laßt uns ein paar Studenten-Trinklieder singen», sagte Rizzo. Levine starrte ihn an. «Das meinst du nicht im Ernst?» fragte er.

«Was mich betrifft», sagte Baxter, «ich hatte nie viel übrig für diesen College-Kram. Nach meiner Erfahrung geht nichts über die Erfahrung.»

«Verräter», sagte Rizzo. «Du erfreust dich der Gesellschaft von drei der Top-Intellektuellen der Armee.»

«Laß mich draußen», sagte Levine ruhig. «Ich bin ein Karrierehengst, sonst nichts.»

«Das will ich meinen, Nathan», sagte Baxter. «Hast deinen College-Abschluß und stehst um nichts besser da wie ich, der nie über die High School rausgekommen ist.»

«Levines Problem», sagte Rizzo, «besteht darin, daß er so ungefähr der faulste Sack der ganzen Army ist. Er will nicht arbeiten, und deshalb scheut er sich auch, Wurzeln zu schlagen. Er ist ein Samenkorn, das sich auf steiniges Gelände sät, auf karge Krume.»

«Und wenn die Sonne höher steigt», grinste Levine, «versengt sie mich, und ich verdorre. Warum, zum Teufel, glaubst du, daß ich so viel in der Kaserne rumhänge?»

«Rizzo hat recht», sagte Baxter, «eine steinigere als Ft. Roach in Louisiana findest du nicht.»

«Jedenfalls findest du nirgends eine heißere Sonne, das steht mal fest», sagte Picnic. Sie blieben sitzen und tranken und redeten bis drei Uhr morgens. Als sie zu ihrem Wagen zurückkamen, sagte Picnic: «Mann, dieser Rizzo redet wirklich 'ne Menge.» Levine faltete seine Hände über dem Bauch und gähnte. «Irgendeiner muß wohl», sagte er.

Bei Tagesanbruch erwachte Levine von einem brüllenden Geräusch, einem schädelzerfetzenden Geknatter draußen in der Mitte des Hofgevierts. «Arrgh», sagte er und preßte sich die Hände an den Kopf, «was zum Teufel ist das?» Es regnete nicht mehr, und Picnic war schon draußen. «Sieh dir das an», sagte er. Levine steckte seinen Kopf ins Freie und riskierte einen Blick. Hundert Meter entfernt stiegen einer nach dem anderen, wie riesige Insekten, Armeehubschrauber auf, um nach den Überresten von

Creole zu suchen. «Verdammt will ich sein», sagte Picnic: «Die haben die ganze Nacht hier rumgestanden.» Levine schloß seine Augen und rutschte zurück. «Die Nächte sind ziemlich finster hier», sagte er und döste wieder weg. Er erwachte gegen Mittag, hungrig, mit einem pochenden Gefühl im Kopf. «Picnic», grunzte er, «wo zum Teufel kriegt man hier Futter?» Picnic schnarchte. «Hey», Levine packte ihn beim Kopf und schüttelte ihn. «Häh?» sagte Picnic. «Ich sagte, ich möchte wissen, ob's hier irgendwo 'ne Feldküche oder so was gibt», sagte Levine. Rizzo kletterte aus seinem Wagen und kam herüber. «Herrgott, seid ihr ein faules Volk», sagte er, «wir sind schon seit zehn Uhr auf.» Draußen auf der Grünfläche starteten immer noch Hubschrauber oder kehrten mit Überlebenden zurück. Krankenwagen und Schwärme von Ärzten und Sanitätern standen in Bereitschaft. Zweieinhalbtonner, Jeeps und Kombis waren überall auf dem Gelände abgestellt, und alle Sorten Militär, die meisten in Arbeitskluft, dazwischen höhere Chargen in Khaki, liefen durcheinander. «Mein Gott», sagte Levine, «was ist über diesen Ort gekommen.»

«Zeitungsfritzen sind auch da, Fotografen von *Life* und wahrscheinlich auch ein paar Wochenschau-Teams», sagte Rizzo. «Das ist jetzt ein Katastrophengebiet. Offiziell.»

«Meine Güte», sagte Picnic und kniff die Augen zusammen. «Mann, schau dir den Auftrieb an!» Obwohl zur Zeit nur Ferienkurse stattfanden, schien eine ganze Menge gutaussehender Studentinnen in dem olivgrauen Getümmel herumzustreunen. Baxter jubilierte. «Ich hab's gewußt», sagte er, «wenn ich nur lang genug durchhalte in Roach, wird etwas Glückliches passieren.»

«Wie in der Bourbon Street am Zahltag», sagte Rizzo.

«Erinnre mich bloß nicht daran», sagte Levine. Dann, nach einer Denkpause: «Obwohl, ob hier, oder in New Orleans – ach, Scheiße.» Ungefähr zwanzig Meter entfernt entdeckte er einen Zweieinhalbtonner mit der Aufschrift «131. Funkbataillon» an der Seite. Eine Stoßstange fehlte, und das Blech war rundherum verbeult. «Hey, Douglas», brüllte er. Ein schlaksiger, rothaariger Gefreiter, der gegen das Vorderrad gelehnt saß, blickte hoch. «Ja verdammich», rief er zurück, «wo habt denn ihr so lang gesteckt?» Levine ging zu ihm rüber. «Seit wann bist du schon hier?» fragte er. «Tscha», sagte Douglas, «ich und Steele haben's gleich vorgestern nacht probieren dürfen, ob man durchkommt. Unmittelbar nachdem's passiert war. Der verdammte Hurricane hat unsern guten alten Zweieinhalbtonner von der Straße gepustet wie nichts.» Levine besah sich den Wagen. «Und wie sieht's aus dort draußen?» fragte er. «Schwer zu sagen», sagte Douglas. «Die einzige Brücke, die rüberführt, ist unterbrochen. Die Pioniere schuften sich ihren Arsch ab, um eine Pontonbrücke klarzukriegen. Nach dem, was ich höre, hat man noch nie 'ne Stadt gesehen, die dermaßen zugerichtet war. Das Wasser steht an die zweieinhalb Meter hoch, und das einzige, was es nicht umgelegt hat, ist das Gerichtsgebäude, weil das aus Beton ist. Und Wasserleichen, Mannomann, ganze Bootsladungen werden an Land gebracht und aufgeschichtet wie Feuerholz. Stinkt ziemlich schlimm.»

«Okay, das reicht, du fröhlicher Bastard», sagte Levine. «Ich hab noch nicht gefrühstückt.»

«Mann, du wirst dich 'ne ganze Weile mit Thermoskaffee und belegten Broten begnügen müssen», sagte Douglas. «Hier schwirren überall gute Feen rum, die's dir hinhalten. Belegte Brote und Kaffee, mein ich. Von der andern Sorte hab ich keine gesehen, jedenfalls bis jetzt noch nicht.»

«Keine Sorge», sagte Levine, «die kriegst du noch zu sehen. Die kriegen wir alle zu sehen. Und zwar besser heute als morgen, weil ich meinen Urlaub nicht für nichts und wieder nichts verschenke.» Er ging zurück zum Wagen. Picnic und Rizzo hockten auf der Stoßstange, aßen belegte Brote und tranken Kaffee.

«Wo habt ihr das her?» fragte Levine. «Da ist 'ne gute Fee vorbeigeschwirrt», sagte Rizzo. «Verdammt will ich sein», sagte Levine. «Einmal in seinem Leben hat dieser verkiffte Penner die Wahrheit gesagt.»

«Bleib einfach hier in der Gegend», sagte Rizzo. «Es wird schon eine kommen.»

«Da wär ich nicht so sicher», sagte Levine, «ich könnte genausogut verhungern. Bin schon immer so ein Glückspilz gewesen.» Er deutete mit einer Kopfbewegung auf eine Gruppe von Studentinnen und spürte plötzlich eine seltsame Vertrautheit, die auch schon eine ganze Zeit im Winterschlaf gelegen hatte, und er sagte zu Rizzo: «Es ist verdammt lange her.»

Rizzo ließ ein trockenes Lachen hören. «Was ist, hast du Heimweh oder was?» sagte er. Levine schüttelte den Kopf. «Nicht wirklich. Was ich meine ist eine Art Ringschaltung. Alle senden auf der gleichen Frequenz. Und nach einiger Zeit vergißt du, daß es noch ein ganzes Spektrum gibt, du hältst diese Frequenz für die einzige, die zählt oder überhaupt existiert. Während draußen, überall sonst im Land, alle diese wunderbaren Farben sind und Ultraviolett- und Röntgenstrahlen und was weiß ich.»

«Findest du nicht, daß Roach auch zu so einer Ringschaltung gehört?» sagte Rizzo. «McNeese ist nicht die Welt, aber Roach bringt auch kein Spektrum auf die Beine.»

Levine schüttelte den Kopf. «Ihr Wehrpflichtigen seid alle gleich», sagte er.

«Ja, ja, die alte Leier. Nur das Berufsheer bringt dich weiter. Aber wohin?»

Eine kleine Blondine kam mit einem Korb voller belegter Brote und Kaffee in Pappbechern vorbei. «Das war knapp, Schätzchen», sagte Levine. «Du hast mich vor dem sicheren Tod gerettet.» Sie lächelte ihn an. «Ach, so schlecht siehst du gar nicht aus.»

Levine nahm sich drei oder vier Sandwiches und einen Becher Kaffee. «Du auch nicht», sagte er verfänglich. «Heutzutage machen sie die Bernhardiner ein ganzes Stück schnuckeliger als zu meiner Zeit.»

«Das ist ein ziemlich zweifelhaftes Kompliment», gab sie zurück, «aber immer noch weniger geschmacklos als alle anderen, die ich heute bekommen habe.»

«Sag mir deinen Namen, falls ich wieder Hunger kriege», sagte Levine. «Man nennt mich Butterblümchen», antwortete sie lachend. «Ein Scherzkeks», sagte Levine. «Warum tust du dich nicht mit Rizzo zusammen? Er kommt frisch vom College. Ihr könnt Rat mein Zitat spielen oder so was.»

«Mach dir nichts draus», sagte Rizzo. «Er kommt frisch vom Pflug.»

Ihr Gesicht leuchtete auf. «Und? Macht dir das Pflügen Spaß?»

«Später», sagte Levine und schlürfte seinen Kaffee.

«Gut, später», sagte sie. «Wir sehn uns irgendwo im Gelände.»

Rizzo grölte «Kommilitonin Betty» im Tenor und einer falschen Tonart, ein hinterhältiges Grinsen im Gesicht. «Halts Maul», sagte Levine, «es ist nicht komisch.» – «Mann, du kämpfst dagegen an, stimmt's?» sagte Rizzo.

«Wer kämpft hier?» sagte Levine. «Hey», brüllte Douglas herüber, «ich bring einen Jeep zum Pier runter. Will irgend jemand mit?»

«Ich kümmere mich um den Funk», sagte Picnic. «Geh nur», sagte Baxter, «ich bleib lieber hier, wo die Puppen tanzen.» Rizzo lachte. «Ich werd ein wachsames Auge auf den Junior haben», sagte er, «damit er uns nicht die Jungfräulichkeit verliert.» Baxter zog die Stirn kraus. «Deine nächste Nummer ist die Nummer eins.»

Levine kletterte neben Douglas in einen der Jeeps des Bataillons, und sie rumpelten los. Am Rand des College-Geländes stießen sie auf eine geteerte Straße, deren Zustand immer schlechter wurde, je näher sie dem Golf kamen. Es gab kaum Anzeichen, daß der Hurricane hier durchgezogen war: nur ein paar Bäume und Verkehrszeichen waren umgelegt worden, einige Dachziegel und Schindeln lagen verstreut am Boden. Douglas kommentierte, was zu sehen war, meist mit aufgeschnapptem Zahlenmaterial aus zweiter Hand, und Levine nickte abwesend dazu. Ihm begann zu dämmern, daß Rizzo vielleicht doch kein so unverbesserlicher Student war – daß der kleine Sergeant hin und wieder tatsächlich einen Fetzen Wahrheit in den Griff bekam. Und außerdem begann Levine sich Sorgen zu machen: irgendeine drastische Veränderung vorauszuahnen, die ihm vielleicht, nach drei Jahren Sand, Beton und Sonne, bevorstand. Womöglich lag's nur daran, daß dies der erste Campus war, den er seit seinem Abschluß am New York City College betreten hatte – andererseits mochte die Zeit einfach reif sein für eine Veränderung. Sich daheim in Roach einen unbewilligten Urlaub zu genehmigen oder auf eine dreitägige Sauftour loszuziehen, würde vielleicht schon reichen, ihm dieses Gefühl zu nehmen, das er gerade als Monotonie zu erkennen begann.

Am Pier herrschte ein ähnliches Gedränge wie im College, aber weniger hektisch, offensichtlicher einem Plan folgend. Die Boote der Ölgesellschaft brachten bündelweise die Leichen herein, ein Arbeitskommando hievte sie an Land, Sanitäter sprühten eine konservierende Flüssigkeit darüber, damit sie nicht in Stücke fielen, ein weiteres Arbeitskommando verlud sie auf Zweieinhalbtonner, und die Zweieinhalbtonner karrten sie dann weg. «Sie werden in irgendeine Schulturnhalle gebracht», sagte Douglas zu Levine, «alles voller Eis dort. Es ist ein höllischer Job, sie zu identifizieren. Im Wasser quellen die Gesichter auf oder so was.» Der Geruch der Verwesung hing in der Luft, wie Wermut, schien es Levine, wenn man schon die ganze Nacht davon getrunken hat. Das Leichenkommando arbeitete präzise, rationell, wie am Fließband. Hin und wieder wandte sich einer der Männer ab, um sich zu übergeben, aber die Arbeit floß ohne Unterbrechung weiter. Levine und Douglas saßen da und sahen den Leichenschleppern zu, während der Himmel dunkler wurde und immer mehr vom Licht der unsichtbaren Sonne verlor. Ein alter Hauptfeldwebel kam zu ihnen herüber und lehnte sich an den Jeep, und sie redeten eine Weile. «Ich war in Korea», sagte er, nachdem eine der Leichen zu fest angepackt worden war und sich in Einzelteile aufgelöst hatte, «ich kann's verstehen, wenn *Kerle* aufeinander schießen, wenn sie sich gegenseitig umbringen – aber das hier ...» Er schüttelte den Kopf. «Herr im Himmel.» Offiziere schlenderten herum, aber keiner schien von Douglas und Levine Notiz zu nehmen. Trotz der maschinenhaften Perfektion war etwas Improvisiertes, Informelles an der ganzen Aktion: fast niemand trug seine Uniformmütze, hier und da blieb ein Oberst oder ein Major stehen und plauderte mit den Sanitätern. «Wie im Gefecht», sagte der Hauptfeldwebel. «Alle Regeln sind außer Kraft. Zum Teufel, wer braucht sie überhaupt?» Levine und Douglas blieben bis halbsechs, dann fuhren sie zurück. «Wo findet man hier 'ne Dusche?», fragte Levine, «oder findet man keine?» Der Gefreite grinste. «'n Kumpel hab ich, der war gestern Abend in einem Wohnheim für Studentinnen zum Duschen», sagte er. «Schätze, du kannst so gut wie überall hingehen.»

Als sie zu den Wagen zurückkamen, schaute Levine bei

Picnic rein. «Verdrück dich», sagte er. «Und wenn du irgendwo 'ne Dusche findest, laß es mich wissen.»

«Verdammt, du hast recht», sagte Picnic. «Irgendwie haben wir Juli, stimmt's?» Levine nahm seinen Platz am Angry Ten ein und hörte eine Weile der Ringschaltung zu. Auf der gemeinsamen Frequenz war nicht viel los. Nach einer halben Stunde kam Picnic zurück. «Wozu der Mist», sagte er, «Rizzo dort drüben hat auch die Hörer auf. Wenn er den Profi spielen will, dann brauchen wir nicht schwitzen. Was du tun mußt, ist folgendes: du gehst an der Kapelle vorbei und etwa einen Block weiter, dann kommt dieses Wohnheim. Du kannst es nicht verfehlen. Alle möglichen Leute gehen rein und raus.»

«Danke», sagte Levine, «dauert nur fünf Minuten. Dann gehen wir ein Bier trinken oder sonst was.» Er kramte frische Unterwäsche, einen neuen Arbeitsdrillich und die Rasierutensilien aus seinem Wäschesack und ging hinaus in die schwülwarme Dunkelheit. Immer noch landeten und starteten Hubschrauber, die mit ihren Scheinwerfern und Positionslampen aussahen, als kämen sie direkt aus einem Science-fiction-Film. Levine fand das Wohnheim, ging hinein, duschte und rasierte sich, zog die frischen Sachen an. Als er zurückkam, las Picnic im *Weib aus den Sümpfen*. Sie zogen los und entdeckten eine andere Kneipe, die lauter war und überfüllt mit Freitagabendgästen. Sie erspähten Baxter, der sich ein Mädchen unter den Nagel zu reißen versuchte, dessen Begleiter schon zu besoffen war, um es auf eine Prügelei ankommen zu lassen. «O Gott», sagte Levine. Picnic starrte ihn an. «Ich will ja nicht wie Rizzo klingen», sagte er, «aber was ist eigentlich los mit dir, Nathan? Was ist aus dem unerschütterlichen Landser geworden, den wir kannten und liebten? Hat dich die Vergangenheit am Wickel oder stehst du am Rand einer intellektuellen Krise oder was?»

Levine zuckte mit den Schultern. «Wahrscheinlich ist es nur mein Magen», sagte er. «Nach all den Jahren, wo ich meinen Bierbauch hier gehätschelt und gepflegt habe, kommen plötzlich diese Wasserleichen und drehen mir den Magen um.»

«Muß ziemlich schlimm sein», sagte Picnic. «Yeah», sagte Levine. «Reden wir von was anderem.»

Sie saßen da und beobachteten die College-Zöglinge und gaben sich alle Mühe, es mit der Neugier eines Zoobesuchers zu tun, der nie dazugehört hatte und niemals einen solchen Wunsch verspüren würde. Die Blondine, die sich Butterblümchen nannte, kam an ihren Tisch und sagte: «Rat mein Zitat.»

«Ich kenn ein besseres Spiel», sagte Levine.

«Ha, ha», sagte die Blonde und nahm Platz. «Meiner Verabredung war nicht gut», erklärte sie, «er mußte wieder heimgehen.»

«Sät nicht, erntet nicht, und doch!» sagte Picnic.

«Schwer gearbeitet heute?» fragte das Butterblümchen mit einem hellen Lächeln. Levine lehnte sich zurück und legte seinen Arm achtlos um ihre Schultern. «Schwer arbeite ich nur, wenn sich's auch lohnt», sagte er und sah ihr in die Augen, und sie versuchten beide eine Zeitlang, den anderen zum Wegschauen zu zwingen. Dann lächelte Levine mit einer Art von unterkühltem Triumph und fügte hinzu: «Oder wenn das Ziel in Reichweite ist.»

Sie zog die Augenbrauen in die Höhe. «Vielleicht könntest du dir's sogar dann ein wenig leichter machen», sagte sie.

«Hast du für morgen abend schon was vor?» sagte Levine. «Dann können wir's rausfinden.» Ein Südstaatenjüngling im Cordjackett kam an den Tisch getorkelt und warf einen Arm um ihren Hals, wobei er Picnics Bier umstieß. «Ach herrje», sagte sie, «du bist zurück?» Picnic starrte mit trüber Miene auf seine durchweichte Arbeitskluft. «Was für ein klasse Grund für eine Keilerei», sagte er. «Wie wär's Nathan?» Baxter hatte lange Ohren gemacht. «Yeah», sagte er, «das läßt sich hören, Bennybuddy.» Er schlug einen wilden Kreis mit der geballten Faust, ohne jemand Bestimmten zu meinen, und traf die Schläfe von Picnic, der vom Stuhl sackte. «Um Gottes willen», sagte Levine und blickte forschend nach unten, «bist du in Ordnung, Benny?» Picnic gab keine Antwort. Levine zuckte mit den Schultern. «Faß an, Baxter, wir müssen ihn zurückbringen. Tut mir leid, Butterblümchen.» Sie hievten Picnic hoch und schleppten ihn zurück zum Wagen.

Am nächsten Morgen war Levine um sieben Uhr wach. Er wanderte eine Weile auf dem Campus herum, bis er einen Becher Kaffee aufgetrieben hatte, und nach dem Frühstück traf er eine jener Augenblicksentscheidungen, über die man sich später immer gerne wundert. «Hey, Rizzo», rief er und schüttelte den Sergeant wach: «Falls mich wer sucht, der General oder der Verteidigungsminister, dann sag, ich hab zu tun, okay?» Rizzo murmelte irgend etwas, das vielleicht obszön war, und rollte sich zurück in den Schlaf.

Levine ließ sich von einem Jeep des Bataillons zum Pier mitnehmen, wo er eine ganze Zeit herumlungerte und zusah, wie immer neue Leichen angelandet wurden. Als eins der Boote fast entladen war, schlenderte er dann zum Landungssteg hinunter und stieg einfach an Bord. Niemand schien ihn zu beachten. Ein halbes Dutzend Uniformierte und ebenso viele Zivilisten waren auf dem Kahn, saßen und standen herum, aber sprachen kein Wort. Schweigend zogen sie an ihren Zigaretten oder starrten auf die grauen Sümpfe hinaus, die langsam vorbeizogen. Sie passierten die Pontonbrücke, die die Pioniere jetzt fast fertig hatten, und schoben sich auf der anderen Seite zwischen zerspellten Bäumen und herumdümpelndem Treibgut hindurch. Sie tuckerten über Creole dahin, vorbei an den oberen Stockwerken des Gerichtsgebäudes, und nahmen Kurs auf die weiter draußen liegenden Farmen, die noch standen und wo noch niemand gesucht hatte. Hin und wieder knatterte ein Hubschrauber über ihren Köpfen vorbei. Die Sonne stieg höher, verwaschen hinter einer dünnen Wolkendecke, und heizte die dampfige, stehende Luft über den Sümpfen auf.

Das war es vor allem, woran sich Levine später erinnerte, der merkwürdige atmosphärische Effekt der grauen Sonne auf den grauen Sumpf, und wie die Luft sich anfühlte und roch. Zehn Stunden lang kreuzten sie über dem Gelände und suchten nach Toten. Einen pflückten sie von einem Stacheldrahtzaun. Er hing daran wie ein närrischer Ballon, wie eine Travestie – bis sie ihn berührten, worauf er *plop* machte, zischte und zusammenfiel. Sie holten sie von Dächern, aus Baumkronen, sie fanden sie im Wasser treibend oder gefangen in den Trümmern ihrer Häuser. Levine arbeitete wortlos wie die anderen, die heiße Sonne im Gesicht und auf dem Nacken, den Gestank der Sümpfe und der Leichen in seinem Atem, und er ließ das alles einfach geschehen, weder ganz unwillig, darüber nachzudenken, noch gänzlich unfähig dazu, nur mit einem deutlichen Gefühl, daß die Situation keine Gedanken und keine Rationalisierungen erforderte. Er sammelte Wasserleichen auf. Das war's, was er machte, sonst nichts. Als der Schlepper gegen sechs Uhr abends wieder anlegte, um seine Toten auszuladen, ging Levine ebenso gleichgültig davon, wie er an Bord gestiegen war. Er sprang auf einen Zweieinhalbtonner, der zurück zum College fuhr, hockte verdreckt auf der Ladefläche, spürte die Erschöpfung und ekelte sich vor seinem eigenen Geruch. Er holte sich saubere Kleidung aus dem Sendewagen, kümmerte sich nicht um Picnic, der mit dem *Weib aus den Sümpfen* fast fertig war und schon den Mund aufgeklappt, aber dann doch besser geschwiegen hatte, ging zum Studentenheim und stand dort lange unter der Dusche, die er sich als einen Regenschauer vorstellte, als Sommer- und als Frühlingsregen, als jeden Regen, der jemals auf ihn gefallen war, und als er in einer sauberen Uniform aus dem Heim herauskam, stellte er fest, daß es schon wieder dunkel war.

Im Wagen buddelte er seine blaue Baseballmütze aus dem Wäschesack heraus und setzte sie sich auf. «Du schmeißt dich in Schale?» sagte Picnic. «Was liegt an?»

«Verabredung», sagte Levine.

«Prächtig», sagte Picnic, «ich seh das gern, wenn junge Menschen einander finden. Es ist einfach aufregend.»

Levine blickte ihn an, tödlich ernst. «Nein», sagte er. «Nein, ich glaube, es ist einfach Massenträgheit.»

Er ging zu Rizzos Wagen rüber und erleichterte den schlafenden Sergeant um eine Packung Zigaretten und eine De-Nobili-Zigarre. Als er sich gerade davonmachen wollte, schlug Rizzo ein Auge auf. «Sieh an, der gute alte verläßliche Nathan», sagte er. «Schlaf weiter, Rizzo», sagte Levine. Er marschierte los, die Hände in den Hosentaschen, pfeifend, ungefähr in Richtung der Kneipe, wo er am Vorabend gewesen war. Der Himmel war sternenlos, eine Vorahnung von Regen lag in der Luft. Er ging durch die Laternenschatten von großen, häßlichen Kiefern, lauschte den Stimmen von Mädchen, dem Brummen von Autos, überlegte sich, was zum Teufel er hier verloren hatte, wo er doch nach Roach gehörte, und war sich ziemlich klar darüber, daß er nach seiner Rückkehr in Roach ebenso darüber rätseln würde, was zum Teufel er dort verloren hatte – daß er sich diese Frage von nun an vielleicht an jedem Ort stellen würde, an den es ihn verschlug. Einen

Moment lang hatte er eine absurde Vision von sich selbst, Fettarsch Levine, als dem Ewigen Juden, wie er an Werktagsabenden in fremdartigen, namenlosen Städten mit anderen Ewigen Juden über die Grundprobleme der Identität debattierte, nicht so sehr der persönlichen Identität als der Identität von Orten, und auch darüber, mit welchem Recht man sich überhaupt an irgendeinem Ort befand. Er erreichte die Kneipe und ging hinein, und da war das Butterblümchen, das auf ihn wartete.

«Ich hab uns einen Wagen besorgt», lächelte sie. Er merkte plötzlich, daß sie mit einem leichten Südstaatenakzent sprach. «Hey», sagte er, «was trinkt man hier so?»

«Tom Collins», sagte sie. Levine trank Scotch. Ihr Gesicht wurde ernst. «Ist es schlimm dort drüben?» fragte sie. «Ziemlich schlimm», sagte Levine. Sie lächelte wieder, strahlend. «Immerhin ist dem College nichts passiert.»

«Dafür ist Creole 'ne ganze Menge passiert.»

«Tscha. Creole», sagte sie. Levine sah sie an.

«Du meinst, besser die dort, als das College», sagte er.

«Na klar», grinste sie. Er tappte mit den Fingern auf die Tischplatte. «Sag mal *out*», sagte er.

«Oot», sagte sie.

«Aha», sagte Levine. Sie tranken und redeten eine Zeitlang, meistens über Dinge, die mit dem College zu tun hatten, bis Levine schließlich den Wunsch zum Ausdruck brachte, sich das Bayou-Gebiet mal unter einem sternenlosen Himmel anzusehen. Sie verließen das Lokal und fuhren los, Levine am Steuer, hinunter zum Golf durch eine eng angeschmiegte Nacht. Sie saß dicht bei ihm, erregt und ungeduldig, Berührung suchend. Er sagte kein Wort, bis sie auf einen Feldweg deutete, der mitten in den Sumpf hineinführte. «Hier rein», flüsterte sie, «dort ist eine Hütte.»

«Ich fing schon an, mir Sorgen zu machen», sagte er. Um sie herum sangen sich Tausende von Fröschen einen unentwirrbaren Chorus aus enharmonischen Akkorden vor, gewissen doppeldeutigen Prinzipien zum Ruhm. Von den Seiten rückten Mangroven und Moos näher. Sie fuhren etwa eine Meile weit, bis sie zu einem verfallenen Gebäude kamen, am äußeren Rand der bewohnbaren Welt. Wie sich zeigte, lag eine Matratze drin. «Es ist nichts Besonderes», sagte Butterblümchen zwischen Atemzügen, «aber ein Dach über dem Kopf.» Sie drängte sich durch das Dunkel an ihn, mit einem leisen Zittern. Er tastete nach Rizzos Stumpen und zündete ihn an. Das Licht der Flamme flackerte auf ihrem Gesicht, und in den Augen war etwas zu sehen, was eine verspätete, erschrockene Einsicht in diesen speziellen Ackerknecht sein mochte, der offenkundig tiefer umgetrieben wurde als von der Sorge um den Wechsel der Jahreszeiten und die Fruchtbarkeit des Bodens – genau wie er schon früher erkannt hatte, daß ihre Fähigkeit zu geben, nicht über den Katalog der Alltagsdinge, die Scheren, Messer, Uhren, Senkel oder Bänder, hinausging; so daß er das gleiche, beiläufige Mitgefühl für sie aktivierte, das er auch für die Heldinnen der Sexromane oder den übers Ohr gehauenen, aber machtlosen Braven Rancher in einem Western empfand. Er half ihr nicht beim Ausziehen und wartete stehend, nur noch im T-Shirt, mit der Baseballmütze auf dem Kopf und gelassen die Zigarre paffend, bis sie auf der Matratze lag und nach ihm girrte.

Rund um sie her erklang der urtümliche Gesang der Frösche, der sich – so schien es ihnen in der Verkrampfung, in der Betäubung, die ihnen doch eine seltsame Klarheit ließ, daß dies hier wenig mehr war als ein Verhaken kleiner Finger, ein Anstoßen von Bierkrügen, eine Zweisamkeit à la McCalls – allmählich verdichtete und zu einem Orgelpunkt unter einem virtuosen Duett aus kleinen Schreien und Atemzügen wurde; während er, die Baseballmütze nonchalant in die Stirn gezogen, die Darbietung mit gelegentlichen Zügen an seiner Zigarre würzte und sie, eine niemals ganz bezwungene Pasiphae, an routinierte Beschützerinstinkte appellierte; bis sie dann beide, als es vorüber war, noch immer von blödsinnigem Froschgequake bestürmt, nebeneinander lagen, ohne sich zu berühren. «Inmitten des großen Todes», sagte Levine, «der kleine Tod.» Und wenig später: «Ha. Das hört sich an wie eine Bildunterschrift in *Life*. Mitten im *Leben*. Vom Tode umgeben. O Gott.»

Sie fuhren zurück zum Sendewagen, und Levine sagte: «Wir sehn uns irgendwo im Gelände.» Sie lächelte ein wenig. «Komm doch vorbei und besuch mich, wenn du mal raus darfst», sagte sie und fuhr davon. Picnic und Baxter spielten Blackjack im Licht der Autoscheinwerfer. «Hey, Levine», rief Baxter, «ich bin flachgelegt worden heute abend.»

«Ah», sagte Levine. «Gratuliere.»

Am nächsten Tag kam der Lieutenant vorbei und sagte: «Sie können Ihren Urlaub jetzt nehmen, Levine, wenn Sie wollen. Wir haben alles unter Kontrolle. Sie sind jetzt nur noch Reserve.»

Levine zuckte mit den Achseln. «Na schön», sagte er. Es regnete. Als er wieder beim Wagen war, sagte Picnic: «Herr im Himmel, wie ich den Regen hasse.»

«Du und Hemingway», sagte Rizzo. «Merkwürdig, nicht wahr? T. S. Eliot mag Regen.»

Levine warf sich den Wäschesack über die Schulter. «Mit dem Regen ist das 'ne komische Sache», sagte er. «Er kann dumpfe Wurzeln aufwecken. Er kann sie bloßlegen, und wegspülen. Ich werd an euch denken, Jungs, wie ihr hier bis zum Arsch im Wasser steht, wenn ich unten in der Sonne brate, in New Orleans.»

«Dann geh», sagte Picnic. «Geh schon.»

«Ach, übrigens», sagte Rizzo, «Pierce hat gestern nach dir gefragt, aber ich hab ihm irgendwas von einem Ersatzteil für den TCC erzählt. Hab dann aber selber eine ganze Zeit gebraucht, bis ich mir zusammenbuchstabiert hatte, wo du wirklich warst.» – «Herrgott, dann laß es mich wissen», sagte Levine leise. «Ich buchstabiere immer noch», grinste Rizzo. «Bis später, Leute», sagte Levine. Er hielt einen Zweieinhalbtonner an, der zurück nach Roach fuhr. Als sie ein paar Meilen aus der Stadt heraus waren, sagte der Gefreite am Steuer: «Verdammt, es ist fast 'ne Erleichterung, zurückzukommen.»

«Zurück?» sagte Levine. «Ach. Ja, wahrscheinlich.» Er beobachtete, wie die Scheibenwischer den Regen zur Seite drückten, und er lauschte dem Peitschen des Regens über das Dach. Nach einer Weile schlief er ein.

Tiefland

Um halbsechs am Nachmittag war Dennis Flange noch immer mit dem Mann von der Kehrichtabfuhr zugange. Der Mann von der Kehrichtabfuhr hieß Rocco Squarcione, und diesen Morgen war er etwa um neun, gleich nach dem Ende seiner Runde, zur Flangeschen Heimstatt gekommen, eine Orangenschale klebte noch an seinem Kattunhemd, und eine Gallonenflasche hausgemachten Muskatellers baumelte an seiner breiten, mit Kaffeesatz gesprenkelten Faust. «Hey, *sfacim'*», bellte er vom Wohnzimmer her, «ich hab Wein mit. Komm runter!»

«Prima», schrie Flange zurück und entschloß sich, nun doch nicht zur Arbeit zu gehen. Er rief bei Wasp and Winsome, der Anwaltskanzlei, an und bekam irgendwessen Sekretärin an den Apparat. «Flange», sagte er: «nein.» Sie begann, Einwendungen zu machen. «Später», sagte er, hängte auf und blieb den Rest des Tages mit Rocco sitzen und trank Muskateller und hörte einer Stereoanlage für 1000 Dollar zu, die er auf Cindys Betreiben gekauft hatte, die aber von ihr, soweit Flange sich erinnern konnte, nie zu etwas anderem als zum Abstellen von Hors-d'œuvre-Platten oder Cocktailtabletts benutzt worden war. Cindy war Mrs. Flange, und selbstverständlich schätzte sie diese Muskateller-Episoden nicht. Ebensowenig schätzte sie Rocco Squarcione. Ebensowenig übrigens alle anderen Freunde ihres Mannes. «Bleib mit dieser komischen Bande im Polterkeller unten», schrie sie stets und schwenkte einen Cocktailshaker. «Bist ein verfluchter Tierschützler bist du, jawohl. Aber ich zweifle, ob selbst das Tierheim welche von den Viechern nehmen würde, die du anschleppst.» Was Flange hätte erwidern sollen, aber nicht erwiderte, war etwa: «Rocco Squarcione ist kein Vieh, er ist ein Kehrichtabfuhrmann, unter anderem mit einer Vorliebe für Vivaldi.» Vivaldi hörten sie auch jetzt gerade, sechstes Violinkonzert, Untertitel *Il Piacere*, während Cindy im oberen Stockwerk herumstampfte. Flange gewann den Eindruck, daß sie mit Gegenständen um sich schmiß. Immer wieder mal fragte er sich, wie das Leben wohl ohne ersten Stock aussähe, und wie Menschen denn in einem im Ranch-Stil oder mit Halbstockwerken erbauten Haus miteinander auskommen konnten, ohne so etwa einmal jährlich Amok zu laufen. Die Flangesche Heimstatt saß auf einem Kliff, das den Sund überblickte. Sie war in den zwanziger Jahren im ungefähren Stil eines englischen Cottage von einem Geistlichen der Episkopalkirche erbaut worden, der nebenamtlich dem Alkoholschmuggel aus Kanada nachging. Damals schien jeder, der am Nordufer des Lond Island Sound lebte, in irgendeine Art von Schmuggel verwickelt gewesen zu sein, weil dort kleine Landzungen und Buchten, Meerengen und Einlässe aller Art liegen, von denen das FBI bis heute keinen Schimmer hat. Der Geistliche mußte der ganzen Sache gegenüber eine romantische Einstellung an den Tag gelegt haben: das Haus ragte aus der Erde wie ein großer, moosüberwachsener Grabhügel von der Farbe einer der zottigeren unter den urzeitlichen Bestien. Drinnen gab es Bettnischen und Geheimgänge und seltsam verwinkelte Zimmer; und im Untergrund, vom Polterkeller ausgehend, zahllose Tunnels, die nach allen Seiten wie die Tentakel eines spastischen Oktopus in Blindgänge, Sturmdräne, verlassene Kanalisationen und gelegentlich einen geheimen Weinkeller wegzuckten. Dennis und Cindy Flange hatten die ganzen sieben Jahre ihrer Ehe in diesem seltsamen, moosbedeckten, fast organischen Erdhügel gelebt, und während dieser Zeit hatte zumindest Flange begonnen, sich durch eine aus Flechten und Schilf, Stech- und Nadelginster geflochtene Nabelschnur an den Ort gebunden zu fühlen; er nannte ihn seinen Mutterschoß mit Meeresblick, und in ihren nicht mehr allzu häufigen Augenblicken von Zärtlichkeit sang er Cindy, halb zur Erinnerung an die ersten Monate ihres Zusammenseins und halb als Liebeslied ans Haus, den Song von Noël Coward vor:

«Wir leben in Zufriedenheit und Glück,
Wie Vögel auf dem Baum,
In unserm kleinen Schloß mit Meeresblick ...»

Den Songs von Noël Coward kommt allerdings für die Wirklichkeit oft wenig Bedeutung zu – falls Flange das nicht schon gewußt hatte, so fand er es bald heraus –, und wenn es sich nach sieben Jahren erwiesen hatte, daß er weniger ein Vogel auf dem Baum als ein Maulwurf in einem Hügel war, so trug daran eher Cindy die Schuld als das Haus. Sein Analytiker, ein verschrobener, alkoholgeschwängerter Mexiko-Flüchtling namens Geronimo Diaz, hatte dazu natürlich eine Menge zu bemerken. Jede Woche wurde Flange für fünfzig Minuten über etlichen Martinis in Sachen seiner Mutti angebrüllt. Die Tatsache, daß er mit dem in diese Sitzungen investierten Geld jeden Straßenkreuzer, jeden Rassehund und jede Klassefrau auf dem vom Fenster der Arztpraxis aus sichtbaren Ausschnitt der Park Avenue hätte kaufen können, störte Flange weniger als der dunkle Verdacht, er werde irgendwie hereingelegt: Vielleicht hielt er sich selbst für ein legitimes Kind seiner Generation, und da Freud für diese Generation Muttermilch gewesen war, hatte Flange das Gefühl, nichts Neues zu erfahren. Aber gelegentlich, in Nächten, in denen der Schnee von Connecticut, quer über den Sund, getrieben kam, um gegen das Fenster des Schlafzimmers zu peitschen und ihn daran zu erinnern, daß er schließlich doch die fötale Stellung einnahm: in solchen Nächten sah er sich auf frischer Maulwurfstat ertappt, was weniger ein Verhaltensmuster als ein Geisteszustand ist, in welchem man den Schnee überhaupt nicht hört und die Schnarchlaute der eigenen Frau wie das Tröpfeln und Glucksen des Fruchtwassers irgendwo außerhalb der Bettdecke klingen und sogar die geheimen Kadenzen des eigenen Pulses zu bloßen Echos der Herzschläge des Hauses werden.

Geronimo Diaz war offensichtlich wahnsinnig; aber es war eine wunderbare, zufallsorientierte Art von Wahnsinn, die sich auf kein bekanntes Modell oder Muster zurückführen ließ, ein verantwortungsloses Plasma von Selbsttäuschung, in dem er schwamm und beispielsweise felsenfest überzeugt war, Paganini zu sein und seine Seele dem Teufel verkauft zu haben. In seinem Schreibtisch bewahrte er eine unschätzbar kostbare Stradivari auf, und um Flange die Wahrheit seiner Halluzination zu beweisen, pflegte er auf ihren Saiten loszusägen, erzeugte entsetzlich heisere Töne, ließ schließlich den Bogen heftig sinken und sagte: «Siehste. Seit ich diesen Pakt abgeschlossen habe, hab ich nie mehr eine Note spielen können.» Ganze Sitzungen verbrachte er damit, sich selbst laut aus Tafeln mit Zufallszahlen oder aus der Ebbinghausschen Liste der Nonsense-Silben vorzulesen, wobei er alles überhörte, was Flange ihm zu erzählen versuchte. Diese Sitzungen waren unmöglich: als Kontrapunkt zu Geständnissen über pubertierend-schwerfälligen Sex kam dieses unaufhörliche «ZAP. MOG. FUD. NAF. VOB», und dazwischen immer wieder mal das Klicken und Gurgeln des Marinishakers. Aber Flange ging wieder hin, er ging immer wieder hin; vielleicht war ihm klar, daß er es unter dem lebenslangen Diktat der unnachgiebigen Ratio seines Mutterschoßes und seiner Frau nie schaffen würde und daß Geronimos Verrücktheit so ungefähr das einzige war, was ihn am Leben hielt. Und die Martinis waren gratis.

Neben seinem Analytiker hatte Flange nur noch einen Trost: die See. Oder den Long Island Sound, der manchmal dem brodelnden grauen Bild, an das er sich erinnerte, nahe genug kam. Irgendwann in seiner späten Kindheit hatte er gelesen oder gehört, die See sei eine Frau, und er war zum Sklaven der Metapher geworden, sie hatte weitgehend bestimmt, was aus ihm von diesem Augenblick an geworden war. Zum ersten hatte es drei Jahre als Nachrichtenoffizier auf einem Zerstörer bedeutet, der die ganze Zeit über nichts anderes tat, als vor den Küsten Koreas auf einem Kurs zu patrouillieren, der einem liegenden Unendlich-Zeichen glich, Tag und Nacht und für jeden außer Flange zu lang. Und es hatte schließlich, als er am Ende doch entlassen worden war und Cindy dem Schürzenzipfel ihrer Mutter in Jackson Heights entrissen hatte, um sich mit ihr ein Haus am Meer zu suchen, diese mächtige, halbirdene Masse hoch auf einem Kliff bedeutet. Geronimo hatte ziemlich pedantisch darauf hingewiesen, daß, weil ja alles Leben mit den Protozoen im Ozean begonnen und das Meerwasser mit dem Komplizierterwerden der Lebensformen als Blut zu funktionieren begonnen habe, bis allmählich Korpuskeln und ein Haufen zusätzlicher Schrott hinzugekommen seien, um endlich den roten Saft hervorzubringen, den wir heute kennen; daß also, weil das nun mal so war, die See uns wortwörtlich im Blut liege und eigentlich sie – und nicht, wie allgemein geglaubt, die Erde – unser aller wahre Mutter sei. An diesem Punkt hatte Flange versucht, seinem Analytiker mit der Stradivari den

Schädel einzuschlagen. «Aber du hast selber gesagt, die See sei eine Frau», protestierte Geronimo und hüpfte auf den Schreibtisch. *«Chinga tu madre»*, brüllte Flange zornig. «Aha», strahlte Geronimo, «siehste!»

So war, ob sie nun donnerte, stöhnte oder dort unten, hundert Fuß unter seinem Schlafzimmerfenster, nur herumsabberte, die See mit Flange, in den Stunden seiner Trostbedürftigkeit, die immer zahlreicher wurden; eine miniaturisierte Wiederholung jenes Pazifiks, dessen unvorstellbares Wogen seiner Erinnerung eine bleibende Schlagseite von dreißig Grad verpaßt hatte. Wenn die Glücksgöttin alles diesseits des Mondes beherrscht, so muß, fühlte er, eine seltsame und zärtliche Herrschaft oder Schwingung vom Pazifik ausgehen, von dem einige sagen, daß er der Graben sei, den der Mond auf der Erde zurückließ, als er sich von ihr losriß. Ein eigenartiger Doppelgänger seiner selbst war der einzige Insasse dieser Erinnerungsschräglage: der Glücksgöttin Elfenkind und im Stich gelassene Liebling, jung und lärmig und mehr polternde Teerjacke, als irgendein menschliches Wesen es je hätte sein können; die Muskeln und das Kinn straff gegen einen Sturm von sechzig Knoten gestemmt, eine gut eingerauchte Bruyèrepfeife zwischen den trotzig bleckenden Zähnen; als Offizier vom Dienst während der Mittelwache auf der Brücke, allein mit einem dösenden Steuermannsmaat und einem trefflichen Rudergänger und einer dreckmäuligen Radarmannschaft und einer Lauschjagd im Sonarschapp, begleitet vom losgerissenen Exilmond und seiner Spur auf dem Ozean. Obschon die Frage, was denn ein Mond bei einem Sturm von sechzig Knoten draußen zu suchen habe, einigermaßen offenblieb. Aber so sah eben seine Erinnerung aus: dort war er gewesen, Dennis Flange in der Blüte seiner Jugend, ohne die gegenwärtigen Anzeichen einsetzenden mittleren Alters; und, vor allem, so weit von Jackson Heights weg, wie einer nur sein konnte, obschon er Cindy jeden zweiten Abend schrieb. Das war, als auch das Eheleben noch in der Blüte seiner Jugend stand; jetzt aber bekam es einen leichten Bierbauch, und allmählich fielen ihm die Haare aus, und Flange fragte sich noch immer unbestimmt, warum dies alles je so hatte kommen müssen, selbst jetzt, während Vivaldi seinen Diskurs über die Lust hielt und Rocco Squarcione seinen Muskateller gurgelte.

Mitten im zweiten Satz schellte die Türglocke, und Cindy kam wie ein kleiner blonder Terrier die Treppe heruntergefaucht, um aufzumachen; sie schaffte es noch, Flange und Rocco einen wirschen Blick zuzuwerfen, bevor sie die Tür öffnete. Als sie sie öffnete, stand draußen etwas, das wie ein Affe in einer Marineuniform aussah, geduckt, mit einem tückischen Blick. Sie starrte ihm ins Gesicht, entgeistert. «Nein», wimmerte sie. «Du scheußlicher Bastard.»

«Wer ist es denn?» fragte Flange.

«Es ist – Pig Bodine ist es», sagte Cindy, entsetzt. «Nach sieben Jahren, dein fetter Idiotenkamerad Bodine mit dem hängenden Unterkiefer.»

«Hallo, Baby», sagte Pig Bodine.

«Alter Kumpel!» heulte Flange und sprang auf die Füße. «Komm rein und trink mit. Rocco, das ist Pig Bodine. Ich hab dir von Pig erzählt.»

«Oh, nein», sagte Cindy und stellte sich in die Tür. Flange, Leidender einer Ehe, verfügte über eigene Warnsignale wie sonst nur jene, die an Epilepsie leiden. Ein solches Signal spürte er jetzt. «Nein», grummelte seine Frau. «Es reicht. Raus. Basta. Bewegung.»

«Ich?» sagte Flange.

«Du», sagte Cindy. «Du, und Rocco, und Pig. Die drei Musketiere. Verschwindet!»

«Wha», sagte Flange. Das Stück lief nicht zum erstenmal. Es endete immer gleich: draußen im Garten stand dieses ehemalige Polizeihäuschen, in dem die Cops von Nassau County dermaleinst auf Temposünder auf der Route 25 A gelauert hatten. Es hatte Cindy so begeistert, daß sie es sich heimkarren ließ und rundherum mit Efeu bepflanzte und Mondrians drin aufhing, und dort war es auch, wo Flange bei Ehestreitigkeiten zu übernachten pflegte. Komischerweise nahm sein Sinn für Geborgenheit den Unterschied kaum wahr: das Häuschen war so mutterschößlich wie nur denkbar, und Mondrian und Cindy, so vermutete er, mußten unter der Haut Geschwister sein, beide gleich dürr, streng und logisch.

«Schon gut», sagte er, «ich nehm mir 'ne Decke und schlafe draußen im Häuschen, ja?»

«Nein», sagte Cindy. «Raus hab ich gesagt, und raus wirst du gehen. Raus aus meinem Leben nämlich. Den ganzen Tag mit dem Müllmann saufen ist schlimm genug, aber dazu noch Pig Bodine ist mehr als genug, und mehr als genug ist zuviel.»

«Ach jee, Baby», warf Pig ein, «ich hab gedacht, du hättest längst alles vergessen. Schau deinen Mann an. Er freut sich, mich zu sehn.» Pig war irgendwann zwischen fünf und sechs an der Haltestelle Manhasset angekommen, mitten in der Stoßzeit aller Pendler. Er wurde, von Aktenmappen und gefalteten Exemplaren der *Times* getrieben, aus dem Zug und rauf zum Parkplatz geschwemmt, wo er einen 51er MG geklaut und sich auf die Suche nach Flange gemacht hatte, der während des Koreakriegs sein vorgesetzter Offizier gewesen war. Er war seit neun Tagen ohne bewilligten Urlaub vom Minensucher *Immaculate* abgängig, der in Norfolk im Dock lag, und wollte einfach mal sehen, was sein alter Kumpel so trieb. In Norfolk hatte ihn auch Cindy zuletzt gesehen, am Abend ihrer Hochzeit.

Kurz bevor sein Schiff wieder in die Siebte Flotte eingegliedert wurde, hatte Flange dreißig Tage Urlaub rausschinden können, die als seine und Cindys Flitterwochen vorgesehen waren. Nur daß Pig – empört, weil die Mannschaften nicht zu ihrem Polterabend für Flange gekommen waren – mit fünf oder sechs als Fähnriche verkleideten Freunden über den Empfang im Offiziersklub herfiel und Flange in Richtung East Main Street abschleppte, um wenigstens ein paar Bier mit ihm zu trinken. Dieses «ein paar Bier» entpuppte sich als reichlich grobe Schätzung. Zwei Wochen später bekam Cindy ein Telegramm aus Cedar Rapids, Iowa. Es stammte von Flange, und er war pleite und hatte einen fürchterlichen Kater. Cindy dachte zwei Tage drüber nach und sandte ihm schließlich eine Geldanweisung für die Busrückfahrt, mit der Bedingung, daß ihr Pig nie wieder unter die Augen käme. Kam er auch nicht. Nicht bis heute. Aber ihr Gefühl, daß Pig die widerwärtigste Kreatur auf dieser Welt war, hatte die vergangenen sieben Jahre unbeschadet überdauert, und nun war sie bereit, den Tatbeweis anzutreten. «Hier ist die Tür», sagte sie und wies die Richtung, «ab durch die Mitte. Oder übers Kliff, mir ist das gleich. Du und dein Zechbruder und dieser stinkende Affe in Seemannskluft. Verduftet.»

Flange kratzte sich am Kopf und blinzelte sie etwa eine Minute lang an. Nein. Da war wohl nichts mehr zu rütteln. Vielleicht, wenn sie Kinder gehabt hätten ... Es kam ihm wie eine feine und liebreiche Ironie vor, daß ihn die Marine zu einem kompetenten Kommunikationsfachmann gemacht hatte. «Tja», sagte er langsam, «das war's dann wohl.»

«Du kannst den VW haben», sagte Cindy, «und nimm dir Rasierzeug und ein frisches Hemd mit.»

«Nein», sagte Flange und öffnete die Tür für Rocco, der mit der Weinflasche im Hintergrund gelungert hatte, «nein, ich fahr mit Rocco im Laster.» Cindy zuckte die Schultern. «Und laß mir einen Bart stehen», fügte er unbestimmt hinzu. Sie verließen das Haus – Pig verwirrt, Rocco vor sich hinsingend und Flange mit der Empfindung, daß erste, zarte Ranken einer Übelkeit nach seinem Magen zu greifen begannen – und zwängten sich in den Lastwagen und dröhnten davon. Beim Zurückschauen konnte Flange seine Frau auf der Schwelle stehen und ihnen nachblicken sehen. Sie bogen aus der Zufahrt in eine schmale Asphaltstraße ein. «Wohin?» sagte Rocco.

«Keine Ahnung», sagte Flange. «Vielleicht fahr ich nach New York und such mir ein Hotel oder so was. Du kannst mich einfach an der Haltestelle absetzen. Hast du was, wo du bleiben kannst, Pig?»

«Ich hätt in dem MG schlafen können», sagte Pig, «aber inzwischen wissen die Bullen wahrscheinlich davon.»

«Hört mal», sagte Rocco. «Ich muß sowieso zur Müllkippe und diese Fuhre loswerden. Ich hab da 'n Kumpel, der ist 'ne Art Wachmann dort. Er wohnt da. Er hat jede Menge Platz. Dort könntet ihr bleiben.»

«Klar», sagte Flange. «Warum nicht.» Es paßte zu seiner Stimmung. Sie fuhren südwärts, in den Teil der Insel, der nur aus Neubauvierteln, Einkaufszentren und kleineren Industrieansiedlungen besteht, und nach einer halben Stunde kamen sie bei der städtischen Müllgrube an. «Schon geschlossen», sagte Rocco, «aber er wird uns aufsperren.» Er bog in einen Feldweg hinter einer Verbrennungsanlage ein, die mit ihrem Ziegeldach und ihren luftgetrockneten Mauersteinen wie eine mexikanische Hazienda mit Industriekaminen aussah und in den dreißiger Jahren von irgendeinem wahnsinnigen Architekten des Arbeitsbeschaffungsprogramms errichtet worden war. Sie rumpelten etwa hundert Meter weit, bis sie ein

Tor erreichten. «Bolingbroke», brüllte Rocco. «Laß mich rein. Ich hab Wein mit.»

«Alles klar, Mann», antwortete eine Stimme aus dem Abenddunkel. Eine Minute später erschein ein fetter Neger mit einem schlappen Filzhut im Scheinwerferlicht, entriegelte das Tor und sprang auf das Trittbrett. Auf einer langen, spiraligen Straße begannen sie den Abstieg in die Grube. «Das ist Bolingbroke», sagte Rocco, «euer Gastgeber.» Sie fuhren in einer langgestreckten Kurve hinab. Flange schien es, sie müßten zum Zentrum der Spirale unterwegs sein, zum tiefsten Punkt. «Brauchen diese Burschen einen Schlafplatz?» fragte Bolingbroke. Rocco erläuterte das Problem. Bolingbroke nickte teilnahmsvoll. «Frau gleich Plage, manchmal», sagte er. «Ich hab drei oder vier, alle verstreut übers Land, und ich bin froh, daß ich sie alle los bin. Irgendwie lernt man's nie.»

Die Müllkippe war in etwa quadratisch, auf jeder Seite eine halbe Meile lang, und ihre Sohle lag fünfzehn Meter unter dem Straßenniveau der wuchernden Neubausiedlung, die sie auf allen Seiten umgab. Rocco erzählte, daß zwei Bulldozer mit zweieinhalb Meter hohen Reifen den ganzen Tag über damit beschäftigt waren, die Abfälle unter einer Schicht von Füllmaterial zu begraben, das vom Nordufer herangeschafft wurde und das Niveau dieser Ebene jeden Tag um den winzigen Bruchteil eines Zentimeters höher hob. Es war dieser besondere Charakter des Dem-Untergang-geweiht-Seins, der Flange bestürzte, als er in das Halbdunkel hinausstarrte, während Rocco seine Fuhre abkippte: dieser Gedanke, daß irgendwann, vielleicht in fünfzig Jahren, vielleicht später, kein Loch mehr da sein würde: der Boden würde auf einer Höhe mit den Straßen der Siedlung liegen, und man würde auch auf ihm Häuser bauen. Als wäre man in einem nervenzerfetzend langsamen Aufzug unterwegs zu einem vorbestimmten Stockwerk, um dort mit irgendeinem unausweichlichen Gesicht über Dinge zu debattieren, die längst entschieden waren. Aber es kam noch etwas hinzu: hier, am Endpunkt der Spirale, fühlte er sich noch von einer anderen Entsprechung heimgesucht, die er nicht einordnen konnte, bis er in seinem Gedächtnis zurückforschte und auf die Musik und die Worte eines Liedes stieß. Man möchte kaum glauben, daß in einer auf den letzten Stand gebrachten Marine mit Düsenjägern, Raketen und Atom-U-Booten noch irgend jemand Shanties oder Balladen singt; aber Flange erinnerte sich an einen Philippiner, einen Steward namens Delgado, der immer spät am Abend mit seiner Gitarre ins Funkschapp hochkam und dort sitzen blieb und stundenlang solche Lieder sang. Es gibt viele Arten, Seegeschichten zu erzählen, doch Delgados Art schien, wohl wegen der Musik und weil die Worte nicht der persönlichen Legendenbildung dienten, einer Wahrheit höherer Ordnung teilhaftig zu sein. Obwohl selbst die überlieferten Balladen ebenso gewiß Lügen oder bestenfalls Seemannsgarn waren wie jene, die nicht gesungen, sondern erzählt wurden, überm Kaffee in der Bootsmannskajüte oder bei den Pokerturnieren des Zahltags in der Messe oder während man seine Füße von einer Wasserbombe am Heck baumeln ließ und darauf wartete, daß das abendliche Bordkino ein Spinngarn durch ein anderes, greifbareres ersetzte. Der Steward aber sang lieber, und Flange respektierte das. Und am liebsten hatte er ein Lied, das klang so:

Ging an Bord eines Seglers im Nordland,
Auf dem Galion die *Goldne Vanitas* genannt,
Ach, ich wart auf die Galeere, die uns ram-tam-tammt,
Liegt das Tiefland querab und in Lee ...

Es ist ziemlich leicht, pedantisch zu sein und unter «Tiefland» nur die südlichen und östlichen Teile Schottlands zu verstehen. Die Ballade war sicher schottischen Ursprungs, aber bei Flange rief sie stets eine merkwürdige, irrationale Assoziation wach. Wer je die offene See in einer bestimmten Beleuchtung oder in metapherntrāchtiger Stimmung betrachtet hat, wird von der eigentümlichen Illusion erzählen, daß der Ozean, trotz seiner ständigen Bewegung, eine gewisse Solidität zu besitzen scheint; er wird zu einer grauen oder gelblich-grünen Öde, zu einem wüsten Land, das sich bis zum Horizont erstreckt, und man bräuchte nur über das Manntau zu steigen, um auf seiner Oberfläche loszumarschieren; nähme man ein Zelt und genügend Vorräte mit, man könnte so von einer Stadt zur anderen wandern. Geronimo hielt das für eine bizarre Abart des Messiaskomplexes und riet Flange väterlich, es ja nicht, niemals, zu versuchen; für Flange aber war diese endlose Ebene aus getrübtem Glas eine Art Tiefland, das zu seiner Vervollkommnung geradezu nach einer einsamen menschlichen Gestalt schrie, die es durchquerte; jede Ankunft auf Meereshöhe war wie das Finden eines dimensionslosen Minimalpunkts, eine einzigartige Kreuzung von Längen- und Breitengrad, eine Bestätigung vollkommener, leidenschaftsloser Einförmigkeit; ebenso wie er in der spiraligen Niederfahrt von Roccos Lastwagen empfunden hatte, daß der Punkt, an dem sie schließlich zur Ruhe kommen würden, das tote Zentrum war, der einzelne Punkt, der die Existenz eines ganzen tieflandartigen Terrains voraussetzte. Immer wenn er von Cindy weg war und zum Denken kam, stellte er sich sein Leben als eine der Veränderung unterworfene Oberfläche vor, genau wie der Boden der Müllkippe sich in Wandlung befand: weg von der konkaven Gestalt einer Vertiefung oder Umschrankung, vielleicht hin zu einer ebenen Fläche wie jener, auf der er jetzt stand. Was ihn beunruhigte, war jede Möglichkeit einer Konvexität, einer Schrumpfung womöglich des ganzen Planeten, bis alles, worauf er noch stehen könnte, fühlbar gebogen wäre, so daß er schließlich wie ein verlängerter Radius hinausragen würde, schutzlos über die leere Mondsichel seiner winzigen Sphäre dahinwirbelnd.

Rocco ließ sie mit einer weiteren Gallone Muskateller zurück, die er unter dem Sitz gefunden hatte, und verschwand rumpelnd und schnarrend in der dichter werdenden Dunkelheit. Bolingbroke schraubte den Verschluß ab und trank. Sie ließen die Flasche herumgehen, und Bolingbroke sagte: «Kommt mit, wir holen Matratzen.» Er führte sie einen Abhang hinauf, um einen hohen Turm Aushub herum, an mehreren hundert Quadratmetern weggeschmissener Kühlschränke, Fahrräder, Kinderwagen, Waschmaschinen, Spülsteine, Kloschüsseln, Bettfedern, Fernsehapparate, Kochtöpfe, Bratpfannen, Öfen und Klimaanlagen vorbei und schließlich über eine Düne dorthin, wo die Matratzen lagen. «Das größte Bett der Welt», sagte Bolingbroke. «Trefft eure Wahl.» Es mußten Tausende von Matratzen sein. Flange fand eine mit Federkern, so breit wie ein Dreiviertelbett, und Pig, der sich wohl nie ans zivile Leben gewöhnen würde, suchte sich einen etwa fünf Zentimeter dünnen und neunzig Zentimeter schmalen Matratzenschoner aus. «Würd mich sonst nicht wohl fühlen», sagte Pig.

«Beeilt euch», rief Bolingbroke leise, nervös. Er war auf den Kamm der Düne geklettert und blickte in die Richtung zurück, aus der sie gekommen waren. «Beeilung. Es ist fast finster.»

«Stimmt was nicht?» fragte Flange, hievte die Matratze den Hang hinauf, stellte sich neben ihn und spähte über den Müllberg. «Gibt's hier Plünderer in der Nacht?»

«So was Ähnliches», sagte Bolingbroke unbehaglich.

«Kommt jetzt.» Sie trotteten denselben Weg zurück, keiner sagte ein Wort. An der Stelle, wo der Lastwagen gehalten hatte, zweigten sie links ab. Über ihnen ragte die Verbrennungsanlage auf, ihre Kamine schwarz vor dem letzten Glühen des Himmels. Die drei bogen in eine enge Schlucht ein, deren Wände aus sechs Meter hoch getürmtem Müll bestanden. In Flange machte sich das Gefühl breit, daß diese Müllgrube eine Insel oder Enklave in der umgebenden Wüstenei war, ein geheimes Königreich mit Bolingbroke als unangefochtenem Herrscher. Die Schlucht lief etwa hundert Meter weiter, steilflankig und gewunden, bis sie sich zu einem kleinen Tal erweiterte, das mit gestapelten Altreifen von Personen- und Lastwagen, Traktoren und Flugzeugen gefüllt war; und im Zentrum stand, auf einer leichten Erhöhung, Bolingbrokes Kabause, notdürftig aus Dachpappen und Seitenblechen von Kühlschränken und zufälligen Holzbalken, Röhren und Schindeln zusammengeflickt. «Daheim», sagte Bolingbroke. «Jetzt spielen wir Folgt-dem-Führer.» Es war wie ein Gang durch ein Labyrinth. Manchmal waren die Reifenstapel doppelt so hoch wie Flange und drohten beim geringsten Stoß zusammenzubrechen. Penetranter Gummigeruch lag in der Luft. «Paßt mit den Matratzen auf», flüsterte Bolingbroke, «nicht vom Pfad abweichen. Ich hab Schreckladungen ausgelegt.»

«Wozu?» sagte Pig, aber Bolingbroke hatte die Frage entweder nicht gehört, oder er wollte sie nicht hören. Sie erreichten die Hütte, und Bolingbroke schloß die Tür auf, die aus der Seitenplatte einer schweren Packkiste bestand und mit einem großen Vorhängeschloß gesichert war. Drinnen herrschte absolute Schwärze. Bolingbroke zündete eine Petroleumlampe an, und im flackernden gelben Licht konnte Flange erkennen, daß die Wände mit ausgeschnittenen Fotos aus anscheinend jeder Zeitung oder

Zeitschrift bedeckt waren, die seit der Großen Depression erschienen war. Ein grellbunter Pin-up von Brigitte Bardot wurde von den Zeitungsfotos des Duke of Windsor bei seiner Abdankungsrede und der in Flammen aufgehenden *Hindenburg* flankiert. Da hingen Ruby Keeler und Hoover und MacArthur, Jack Sharkey, Whirlaway, Lauren Bacall und Gott weiß wie viele andere, ein Verbrecheralbum verblaßter Sensationen, so brüchig wie Schlagzeilenpapier, so unscharf wie der Herzschlag hinter einer Ordensbrust.

Bolingbroke schob den Riegel vor. Sie warfen ihr Bettzeug auf den Boden und setzten sich, tranken Wein. Draußen hatte sich ein leichter Wind erhoben, der die herabhängenden Fetzen der Dachpappe ächzen ließ und, abgelenkt und verwirbelt, in und um die vorstehenden Kanten und unregelmäßigen Winkel der Hütte tappte. Irgendwie fingen sie mit Seemannsgeschichten an. Pig erzählte, wie er und ein Sonarmann namens Feeny in Barcelona ein Pferdetaxi geklaut hätten. Wie sich herausstellte, hatte keiner der beiden die geringste Ahnung von Pferden, und der Ausflug endete damit, daß sie in vollem Galopp über das Ende des Landungsstegs hinausschossen, verfolgt von mindestens einem Peloton Marinepolizei. Während sie da nun im Wasser herumdümpelten, fiel ihnen ein, daß die Gelegenheit günstig war, zum Träger *Intrepid* hinauszuschwimmen und eine saftige Schlägerei mit den Wolkenwichsern anzuzetteln. Sie hätten's auch geschafft, wäre ihnen nicht nach ein paar hundert Metern die Motorbarkasse der *Intrepid* in die Quere gekommen. Feeny gelang es noch, den Steuermann samt Bootshaken über Bord zu befördern, ehe irgendein neunmalkluger Leutnant dem Spaß ein Ende setzte, indem er Feeny mit einem 45er Colt durch die Schulter schoß. Flange erzählte, wie er und zwei Kameraden an einem Frühlingswochenende seiner Collegezeit eine weibliche Leiche aus dem örtlichen Leichenschauhaus stibitzt hatten. Sie schleppten sie um drei Uhr nachts in Flanges Verbindungshaus und luden sie neben dem Hausvorsteher ab, der sturzbesoffen auf seinem Bett lag und pennte. Am nächsten Morgen in aller Herrgottsfrühe marschierten alle Kommilitonen, die des aufrechten Ganges mächtig waren, *en masse* zum Vorstandszimmer und begannen, gegen die Tür zu donnern. «Ja, gleich, nur einen Augenblick», stöhnte innen eine Stimme, «ich komme schon. Oh. O mein Gott.» – «Was ist denn los, Vincent?» rief jemand. «Hast du 'ne Puppe auf der Bude?» Und sie lachten alle gutmütig. Etwa eine Viertelstunde später öffnete Vincent, aschfahl und zitternd, und polternd schob sich der ganze Trupp rein. Sie schauten unters Bett, verrückten die Möbel, öffneten den Schrank, aber keine Leiche. Verwirrt begannen sie, Wäscheschubladen aufzureißen, als plötzlich von draußen ein durchdringender Schrei erklang. Sie stürzten zum Fenster und sahen hinaus. Eine Studentin war auf der Straße in Ohnmacht gefallen. Wie sich rausstellte, hatte Vincent seine drei besten Krawatten zusammengeknotet und die Leiche zum Fenster hinausgehängt. Pig schüttelte den Kopf. «Moment mal», sagte er. «Ich dachte, du würdest 'ne Seegeschichte erzählen.» Zu diesem Zeitpunkt hatten sie die Gallone zur Strecke gebracht. Bolingbroke zauberte einen Krug selbstgemachten Chianti unter dem Bett hervor. «Hätt ich auch gern getan», sagte Flange, «nur fiel mir so auf die schnelle keine ein.» Aber der wahre Grund, den er kannte, aber nicht auszusprechen vermochte, war ein anderer: daß nämlich, wenn man Dennis Flange heißt und die Gezeiten der See einem nicht nur durch die Adern, sondern auch durch die Phantasien wogen, man sich Geschichten über diese See zwar anhören, aber sie nicht selbst erzählen soll, weil man manchmal mit der Wahrheit einer wahren Lüge in eine seltsam enge

Nachbarschaft geraten war und die Grenzen der Wahrheit einem nur bewußt blieben, solange man sich aus allem raushielt; sobald man aber aktiv wurde, verletzte man zwar noch nicht die Spielregeln, aber man brachte doch die Relation der Dinge durcheinander, ähnlich wie einer, der subatomaren Teilchen nachstellt und dabei durch den bloßen Akt der Beobachtung die Ereignisse, die Daten und Wahrscheinlichkeiten ändert. So hatte er statt dessen aufs Geratewohl eine andere Geschichte erzählt. Zumindest schien es ihm so. Er fragte sich, was Geronimo dazu sagen würde.

Bolingbroke aber wußte eine Seegeschichte. Er war eine Zeitlang von Hafen zu Hafen geschippert, auf verschiedenen Frachtkähnen, von zweifelhaftem Ruf alle. Unmittelbar nach dem ersten Krieg hatte er mit einem Freund namens Sabbarese in Caracas zwei Monate auf dem Trockenen verbracht. Sie waren von einem Frachter abgehauen, der sich *Deirdre O'Toole* nannte und unter panamesischer Flagge fuhr – Bolingbroke entschuldigte sich für das Detail, aber bestand auf seiner Wahrheit: damals konnte man alles, was nur schwamm, ob Ruderboot, seegängiges Hurenhaus oder Schlachtschiff, in Panama registrieren lassen –, um dem ersten Offizier Porcaccio zu entkommen, der an Anfällen von Größenwahn litt. Drei Tage nach dem Auslaufen aus Port-au-Prince hatte Porcaccio mit einer Signalpistole die Kapitänskajüte gestürmt und gedroht, den Käpt'n in ein menschliches Leuchtfeuer zu verwandeln, wenn das Schiff nicht auf der Stelle kehrtmachte und Kurs auf Kuba nähme. Unten im Laderaum lagen offenbar mehrere Kisten mit Gewehren und leichten Waffen, alle für eine Gang von guatemaltekischen Bananenpflückern bestimmt, die unlängst eine Gewerkschaft gegründet und die Abschaffung der lokalen amerikanischen Einflußsphäre auf ihre Fahnen geschrieben hatten. Porcaccios Absicht war, das Schiff zu übernehmen, auf Kuba zu landen und die Insel für Italien zu reklamieren, dem sie, da von Columbus entdeckt, rechtmäßig zustehe. Für seine Meuterei hatte er zwei chinesische Putzhilfen und einen Schiffsjungen auf die Beine gebracht, der an epileptischen Anfällen litt. Der Kapitän lachte und lud Porcaccio zu einem Drink ein. Zwei Tage später kamen die beiden Arm in Arm auf Deck getorkelt, nicht mehr ganz nüchtern und ohne in der Zwischenzeit ein Auge zugetan zu haben. Das Schiff war von einem plötzlichen Sturm überrascht worden; alle Mann rannten herum und sicherten Spieren und verrutschende Ladung, und in der allgemeinen Konfusion wurde der Kapitän irgendwie über Bord gespült. So wurde Porcaccio zum Herrn über die *Deirdre O'Toole*. Jedoch waren die Alkoholvorräte zur Neige gegangen, so daß Porcaccio beschloß, zunächst Caracas anzulaufen und wieder aufzutanken. Der Besatzung versprach er eine Jeroboam-Flasche Champagner pro Mann für den Tag, an dem Havanna eingenommen sein würde. Bolingbroke und Sabbarese beschlossen, daß sie auch ohne Invasion Kubas weiterleben konnten. Sobald das Schiff in Caracas anlegte, schlugen sie sich in die Büsche und lebten zwei Monate lang von den Erträgen einer Barmaid, einer Exil-Armenierin namens Zenobia, deren Bett sie wechselschichtig teilten. Schließlich veranlaßte sie irgend etwas – ob es Heimweh nach der See oder eine Attacke des Gewissens oder das heftige und unvorhersehbare Temperament ihrer Gönnerin war, hatte Bolingbroke nie ganz entschieden –, den italienischen Konsul aufzusuchen und sich zu stellen. Der Konsul war voller Verständnis. Er verfrachtete die beiden auf einen italienischen Kauffahrer mit Kurs Genua, und sie schaufelten quer über den Atlantik Kohle, als ob das Kesselloch das Tor zur Hölle wäre.

Inzwischen war es spät geworden, und jedermann war voll. Bolingbroke gähnte. «Gute Nacht, Leute», sagte er.

«Ich muß in aller Herrgottsfrühe raus. Wenn ihr komische Geräusche hört, nix da schwitzen. Der Riegel hält was aus.»

«Wha?» sagte Pig. «Wer soll denn reinwollen?» Flange begann, sich unbehaglich zu fühlen.

«Niemand», sagte Bolingbroke, «außer denen. Sie versuchen es immer mal wieder. Aber sie haben's noch nie geschafft. Und dort liegt 'n Stück Rohr, das könnt ihr nehmen, wenn sie doch auftauchen.» Er löschte die Lampe und stolperte hinüber zu seinem Bett.

«Yeah», sagte Pig, «aber wer?»

«Die Zigeuner», gähnte Bolingbroke. Seine Stimme döste in den Schlaf hinüber. «Sie leben hier. Hier in der Grube. Kommen nur bei Nacht raus.» Er verstummte, und nach einer Weile begann er zu schnarchen.

Flange zuckte die Schultern. Ach zum Teufel. Nun gut, es gab eben Zigeuner hier. Er erinnerte sich, daß sie in seiner Kindheit draußen auf dem menschenleeren Strandgebiet am Nordufer kampiert hatten. Er hatte geglaubt, sie wären alle längst verschwunden; irgendwie war er froh, daß dem nicht so war. Es befriedigte einen unklar gefühlten Sinn für Stimmigkeit; es war stimmig, daß es Zigeuner geben sollte, die auf der Müllkippe hausten, ebenso wie Bolingbrokes Ozean stimmig genug war, um an ihn zu glauben und an seine Fähigkeit, sowohl Pferdetaxis als auch Porcaccios einzuschließen und ihr nährendes Plasma oder Medium zu sein. Ganz zu schweigen von diesem spitzbübischen jungen Burschen Flange, gemessen an dem ihm der Flange der Gegenwart einen Seezauber erlitten zu haben schien, der ihn in ein sehr viel weniger reiches oder seltnes Gut verwandelt hatte. Er driftete in einen flachen, unruhigen Schlaf hinüber, den das kontrapunktische Schnarchen von Bolingbroke und Pig Bodine umrahmte.

Wie lange er geschlafen hatte, war unsicher; er erwachte in diese totale Finsternis, nur mit dem Gefühl im Bauch, es müsse zwei oder drei Uhr früh oder sonst eine trostlose Stunde sein, die weniger der menschlichen Wahrnehmung als vielmehr Katzen, Eulen, Fröschen und sonstigen nächtlichen Lärmquellen gehörte. Draußen wehte noch immer der Wind; er belauschte ihn nach dem Geräusch, das ihn geweckt haben mußte. Eine ganze Minute lang geschah nichts, dann kam es endlich wieder. Es war eine Mädchenstimme, getragen vom Wind.

«Anglo», sagte sie, «Anglo mit dem goldenen Haar. Komm heraus. Komm auf dem geheimen Pfad heraus und suche mich.»

«Wha», sagte Flange. Er schüttelte Pig. «Hey, Kumpel», sagte er, «da draußen ist 'ne Puppe.»

Pig öffnete ein unscharfes Auge. «Großartig», murmelte er, «hol sie rein und laß mir den Nachschlag.»

«Nein», sagte Flange, «ich meine, sie muß zu den Zigeunern gehören, von denen Bolingbroke erzählt hat.»

Pig schnarchte weiter. Flange tastete sich zu Bolingbroke hinüber. «Hey, du», sagte er, «da draußen ist sie.» Bolingbroke reagierte nicht. Flange schüttelte ihn stärker. «Sie ist *dort draußen*», wiederholte er und fühlte, wie er es allmählich mit der Angst bekam. Bolingbroke wälzte sich auf die andere Seite und sagte etwas Unverständliches. Flange warf die Hände empor. «Wha», sagte er.

«Anglo», rief das Mädchen inständig, «komm zu mir. Komm, such mich, oder ich gehe für immer fort. Komm raus, großer Anglo mit dem goldenen Haar und den schimmernden Zähnen.»

«Hey», sagte Flange zu niemand Bestimmtem. «Sie meint doch mich, oder?» Nicht ganz, fiel ihm augenblicklich ein. Eher schon seinen Doppelgänger, den Seebären aus den fröhlich-finsteren Pazifiktagen. Er gab Pig einen

Tritt. «Sie will, daß ich rauskomme», sagte er. «Was mach ich jetzt, hey?»

Pig schlug beide Augen auf. «Sir», sagte er, «ich schlage vor, daß Sie rausgehen und die Lage peilen. Und wenn sie was taugt, würd ich sagen, Sie bringen sie rein und lassen die Mannschaften mal ran.»

«Aye, aye», sagte Flange unbestimmt. Er tappte zur Tür, schob den Riegel zurück und trat hinaus. «Ach Anglo», hörte er die Stimme sagen, «da bist du ja. Folge mir.»

«Okay», sagte Flange. Er begann, sich zwischen den Reifenstapeln hindurchzufädeln und betete darum, keinen von Bolingbrokes Schreckschüssen loszutreten. Wunderbarerweise schaffte er es fast bis auf sicheren Grund, ehe etwas schiefging. Er war sich eigentlich nicht sicher, einen Fehltritt getan zu haben, aber er wußte plötzlich, daß er irgend etwas falsch gemacht hatte und blickte gerade rechtzeitig nach oben, um einen riesigen Stapel Winterreifen taumeln und schwanken und einen Augenblick zwischen den Sternen stehen zu sehen, ehe er über ihm zusammenbrach. Was das letzte war, woran er sich für eine Weile erinnerte.

Er erwachte zu kühlen Fingern auf seiner Stirn, einer drängenden Stimme an seinem Ohr: «Wach auf, Anglo. Mach die Augen auf. Dir fehlt nichts.» Er öffnete die Augen und sah das Mädchen, sein Gesicht, das großäugig und ängstlich über ihm schwebte, und die Sterne, die sich in seinen Haaren fingen. Er lag am Eingang zur Schlucht. «Komm», sagte sie, «steh auf.»

«Aber klar», sagte Flange. Er hatte Kopfschmerzen. Er zitterte am ganzen Körper. Schließlich stand er wieder auf den Füßen, und da erst sah er sie richtig an. Im Sternenlicht wirkte sie hinreißend: sie trug ein dunkles Kleid, ihre Beine und Arme waren unbedeckt, schlank, der Hals gewölbt und fein, ihre Gestalt so schmal, daß sie fast ein

Schatten war. Dunkles Haar wogte um ihr Gesicht und über ihren Rücken wie schwarzer Sternennebel; riesige Augen, eine Stupsnase, kurze Oberlippe, schöne Zähne, hübsches Kinn. Es war ein Traum, dieses Mädchen, ein Engel. Überdies war es ungefähr einen Meter groß. Flange kratzte sich am Kopf. «Freut mich, Ihre Bekanntschaft zu machen», sagte er. «Ich heiße Dennis Flange. Danke für meine Rettung.»

«Ich bin Nerissa», sagte sie und schaute an ihm hoch.

Er hatte keine Ahnung, was er ihr als nächstes sagen sollte. Die Möglichkeiten zur Konversation waren plötzlich beschränkt. Obschon man, durchfuhr es ihn blödsinnigerweise, über die Zwergmenschenfrage oder so was hätte diskutieren können.

Sie nahm ihn bei der Hand. «Komm», sagte sie. Sie zog ihn mit sich in die Schlucht. «Wohin gehn wir?» fragte Flange. «Zu mir heim», antwortete sie. «Die Morgendämmerung kommt bald.» Flange gab das zu denken. «Also Moment mal, hey», sagte er. «Was ist mit meinen Kumpeln in der Hütte? Ich mißbrauche Bolingbrokes Gastfreundschaft.» Sie antwortete nicht. Also dann, Teufel noch mal. Sie führte ihn durch die Schlucht und den Hang hinauf. Zuoberst auf der Zinne des Aushubs stand eine menschliche Gestalt, die sie beobachtete. Andere Schatten schwebten und flitzten in der Dunkelheit; von irgendwo waren Gitarrenklänge, Lieder und ein sich entwickelnder Streit zu hören. Sie erreichten den Abfallhügel, den er zuvor auf seiner Suche nach der Matratze passiert hatte, und begannen, sich ihren Weg durch ein Wegwerfchaos aus sternenbeschienenem Metall und Porzellan zu bahnen. Endlich hielt sie vor einem General-Electric-Kühlschrank an, der auf dem Rücken lag, und öffnete dessen Tür. «Hoffentlich paßt du da rein», sagte sie, kletterte durch die Öffnung und verschwand. Du liebe Zeit, dachte Flange, wo ich doch zugenommen habe. Er stieg hinein; der Kühlschrank hatte keine Rückwand. «Schließ die Tür hinter dir», rief sie von irgendwo unten, und er gehorchte wie in Trance. Ein Lichtstrahl schoß empor, vermutlich von einer Stablampe, die sie hielt, um ihm den Weg zu zeigen. Ihm war nicht klar gewesen, daß der Abfallberg in solche Tiefen hinabreichte. Es gab einige drückende Engpässe, aber er konnte sich etwa neun Meter durch verschiedenes locker gestapeltes Haushaltsgerät herum-, hindurch- und hinabwinden, bis er zur Mündung einer etwas über einen Meter weiten Betonröhre kam. Dort stand sie und wartete auf ihn. «Von hier an geht's leichter», sagte sie. Er kroch, sie schritt eine leichte Schräge hinunter, die gute vierhundert Meter lang war. Im schwankenden Strahl der Stablampe, zwischen flackernden Schatten, konnte er weitere Tunnels erkennen, die von diesem hier abzweigten. Sie bemerkte seine Neugierde. «Dafür haben sie lange gebraucht», sagte sie und erzählte ihm, wie die ganze Müllkippe in den dreißiger Jahren von einer Terroristengruppe mit Namen «Söhne der Roten Apokalypse» zur Vorbereitung auf die Revolution mit einem Netz von Tunnels und Räumen durchzogen worden sei. Nur habe das FBI alle ausgehoben, und etwa ein Jahr später seien die Zigeuner eingezogen.

Schließlich erreichten sie ein blindes Ende, wo eine kleine Tür in das kieselige Erdreich eingelassen war. Sie öffnete, und beide traten ein. Sie zündete Kerzen an, deren Flammen einen mit gewirkten Teppichen und Bildern dekorierten Raum, ein riesiges Doppelbett mit seidenen Laken, einen Wandschrank, einen Tisch und einen Kühlschrank aus dem Dunkel schälten. Flange hatte eine Menge Fragen. Sie erzählte ihm von der Frischluftzufuhr, von der Kanalisation und den Spenglerarbeiten und von dem Stromkabel, das hierher verlegt worden sei, ohne daß die

Long Island Lighting jemals Verdacht geschöpft habe; vom Lastwagen, den Bolingbroke tagsüber benutzte und mit dem sie nachts rausfuhren, um Proviant und Vorräte zu klauen; von Bolingbrokes fast abergläubischer Angst vor ihnen und, wie er davor zurückschrecke, jemandem von der Behörde von alldem zu erzählen, weil ihm sonst Alkoholismus oder Schlimmeres vorgeworfen werden könnte und er seine Stelle los wäre.

Flange bemerkte, daß eine graue, pelzige Ratte schon seit einer ganzen Weile auf dem Bett saß und sie beide neugierig beobachtete. «Hör mal», sagte er, «da drüben sitzt 'ne Ratte auf dem Bett.»

«Sie heißt Hyazinth», sagte Nerissa. «Bevor du gekommen bist, war sie mein einziger Freund.» Hyazinth blinzelte unverbindlich. «Sehr schön», sagte Flange und streckte den Arm aus, um die Ratte zu streicheln. Sie quiekte und wich zurück. «Sie ist scheu», sagte Nerissa. «Sie wird Freundschaft schließen mit dir. Laß ihr Zeit.»

«Ha», sagte Flange, «da fällt mir ein: wie lange werde ich deiner Meinung nach hierbleiben? Warum hast du mich hergebracht?»

«Die alte Frau mit der Augenklappe, die Violetta genannt wird, hat mir vor vielen Jahren wahrgesagt», sagte Nerissa. «Sie hat mir erzählt, daß ein hochgewachsener Anglo mein Mann sein wird, und er wird helles Haar und starke Arme haben und –»

«Klar doch», sagte Flange, «sicher. Aber wir Anglos sehen alle so aus. Es treibt sich jede Menge Anglos rum, die sind alle hochgewachsen und blond.»

Sie zog einen Schmollmund; Tränen kamen. «Du willst mich nicht zur Frau.»

«Nun ja», sagte Flange gequält, «da ist nämlich folgendes, ich hab schon eine Frau, ich bin verheiratet, wollte ich sagen.»

Einen Augenblick lang sah sie aus, als hätte man sie erdolcht, dann fing sie lauthals an zu heulen.

«Ich hab nur gesagt, ich bin verheiratet», protestierte Flange, «ich hab nicht gesagt, daß es mir besonderen Spaß macht.»

«Bitte sei mir nicht böse, Dennis», schluchzte sie. «Verlaß mich nicht. Sag, daß du bleibst.»

Flange überlegte eine Weile. Sein Schweigen wurde plötzlich von Hyazinth, der Ratte, unterbrochen, die auf dem Bett einen Purzelbaum rückwärts schlug und wild herumzurasen begann. Mit einem gepreßten, mitleidsvollen Seufzer nahm das Mädchen die Ratte auf, drückte sie sich an die Brust und fing an, sie zu streicheln und ihr leise vorzusingen. Sie schaut aus wie ein Kind, dachte Flange. Und die Ratte wie ein Kind von ihr.

Und dann: Ich frage mich, warum Cindy und ich nie ein Kind gehabt haben.

Und: ein Kind bringt alles in Ordnung. Soll doch die Welt auf die Größe einer Bocciakugel schrumpfen.

Also wußte er's. Was sonst.

«Klar», sagte er, «schon recht. Ich bleibe.» Eine Zeitlang zumindest, dachte er. Sie blickte auf, feierlich ernst. Schaumwellen tanzten ihr durch die Augen; Seetiere würden, das wußte er, im unterwasserhaften Grün ihres Herzens kreuzen.

Entropie

Boris hat mir soeben eine Zusammenfassung seiner Ansichten gegeben. Er ist ein Wetterprophet. Das Wetter wird schlecht bleiben, sagt er. Es wird mehr Elend, mehr Tod, mehr Verzweiflung geben. Nirgends das geringste Anzeichen einer Änderung ... Wir müssen Schritt fassen, in geschlossener Reihe dem Gefängnis des Todes entgegen. Es gibt kein Entrinnen. Das Wetter ändert sich nicht.

Wendekreis des Krebses

Unten ging Meatball Mulligans Kündigungsparty in ihre vierzigste Stunde. Auf dem Küchenboden, umgeben von leeren Champagnerflaschen, spielten Sandor Rojas und drei Freunde Spuck-ins-Meer und hielten sich dabei mit Heidsieck und Benzedrinpillen wach. Im Wohnzimmer kauerten Duke, Vincent, Krinkles und Paco über einem 15-Zoll-Lautsprecher, der in die Öffnung eines Papierkorbs geklemmt war, und lauschten dem *Großen Tor von Kiew* zu 27 Watt. Sie trugen horngefaßte Sonnenbrillen und einen verzückten Gesichtsausdruck zur Schau und rauchten komisch aussehende Zigaretten, die nicht, wie man erwarten könnte, Tabak enthielten, sondern einen Verschnitt von *Cannabis sativa*. Diese Gruppe war das Duke-di-Angelis-Quartett. Sie nahmen für ein lokales Label namens Tambú auf und hatten es bereits zu einer 25er LP mit dem Titel *Songs of Outer Space* gebracht. Von Zeit zu Zeit schnippte einer von ihnen seine Zigarettenasche in den Lautsprecherkonus, um die Flocken herumtanzen zu sehen. Meatball selbst schlief drüben beim Fenster, eine leere Magnum an die Brust gedrückt wie einen Teddybären. Mehrere Regierungsmädchen, die für Leute wie das State Department oder die NSA arbeiteten, hatten auf Sofas und Stühlen schlappgemacht und in einem Fall im Waschbecken des Badezimmers.

Das war Anfang Februar '57, und damals gab's 'ne Menge Exilamerikaner in Washington, D.C., die einem bei jeder Begegnung erzählten, daß sie eines Tages wirklich rüber nach Europa gehen würden, aber im Augenblick arbeiteten sie anscheinend für die Regierung. Alle sahen darin eine feine Ironie. Sie pflegten beispielsweise polyglottc Parties zu inszenieren, auf denen ein Neuling ziemlich ignoriert wurde, wenn er nicht simultan in drei oder vier Sprachen Konversation treiben konnte. Sie suchten armenische Delikatessenläden heim, wochenlang nichts anderes, und luden dich zu Bulgur und Lamm in winzige Küchen ein, deren Wände von Stierkampfplakaten bedeckt waren. Sie unterhielten Affären mit heißblütigen Mädchen aus Andalusien oder dem Midi, die in Georgetown Wirtschaftswissenschaften studierten. Ihr Dôme war eine Studentenkneipe draußen an der Wisconsin Avenue, die sich *Rathskeller* und *Old Heidelberg* nannte, und wenn der Frühling kam, mußten sie sich mit Kirschblüten statt Limonenbäumen zufriedengeben; aber in all seiner Lethargie gab ihnen ihr Leben doch, wie sie das nannten, «Kicks».

Im Augenblick schien Meatballs Party ihren zweiten Anlauf zu nehmen. Draußen fiel Regen. Regen prasselte gegen die Teerpappe auf dem Dach, wurde von den Nasen, Augenbrauen und Lippen hölzerner Wasserspeier unter der Traufe in feinen Gischt zersprüht und lief wie Speichel die Fensterscheiben hinab. Am Vortag hatte es geschneit, vor zwei Tagen gestürmt, und davor hatte die Sonne die Stadt hell wie den April glänzen lassen, obwohl der Kalender erst Anfang Februar anzeigte. Es ist eine merkwürdige Jahreszeit in Washington, dieser falsche Frühling. Irgendwo in ihm sind Lincolns Geburtstag, das chinesische Neujahrsfest und in den Straßen eine Verlorenheit, weil die Kirschblüten noch Wochen entfernt sind und weil, wie Sarah Vaughan singt, der Frühling diesmal etwas später kommt. Ganz allgemein sind Cliquen wie diese, die sich an Werktag-Nachmittagen im Old Heidelberg zusammenfand, um Würzburger zu trinken und «Lili-Marlen» zu singen (ganz zu schweigen vom «Sweetheart of Sigma Chi»), unweigerlich und unheilbar romantisch. Und wie jeder gute Romantiker weiß, ist die Seele (*spiritus*, *ruach*, *pneuma*) substantiell nichts weiter als Luft; es ist nur natürlich, daß Verwindungen der Atmosphäre sich in jenen wiederholen, die sie atmen. So daß es, neben den öffentlichen Komponenten – Feiertagen und Touristenattraktionen –, auch ein privates Mäandrieren gibt, verkettet mit dem Klima, als wäre diese Witterung eine Stretto-Passage in der Fuge des Jahres: Zufallswetter, ziellose Liebschaften, unvorhergesehene Verpflichtungen: Monate, die man ebensogut im Zustand der Fugue verbringen könnte, denn keiner, so seltsam es auch klingt, kann sich in dieser Stadt später noch an die Winde, Regenschauer, Leidenschaften des Februar und März erinnern, es ist, als wären sie nie gewesen.

Die letzten Bässe des *Großen Tors* dröhnten durch den Fußboden herauf und weckten Callisto aus einem unruhigen Schlaf. Das erste, was er wahrnahm, war der kleine Vogel, den er behutsam mit den Händen gegen seinen Körper gehalten hatte. Er drehte das Gesicht auf dem Kissen zur Seite, um auf den Vogel hinabzulächeln, auf den blauen, geduckten Kopf und die kranken, schwerlidrigen Augen, und er fragte sich, wie viele Nächte er ihm noch Wärme geben müßte, bis er wieder gesund war. Er hatte ihn seit drei Tagen so gehalten: es war der einzige Weg, den er wußte, um seine Gesundheit wiederherzustellen. Neben ihm regte sich mit einem Seufzer das Mädchen, den Arm über ihr Gesicht geworfen. Vermischt mit den Geräuschen des Regens erklangen die ersten zaghaften, mürrischen Morgenstimmen der anderen Vögel, die in Philodendren und kleinen Fächerpalmen verborgen waren:

Flecken von Scharlach, Gelb und Blau durchflochten diese rousseauhafte Phantasie, diesen Treibhausdschungel, den zu einem Ganzen zu verweben ihn sieben Jahre gekostet hatte. Hermetisch abgeschlossen, war er eine winzige Enklave der Regelmäßigkeit im Chaos der Stadt, fremd der Launenhaftigkeit des Wetters, der Innenpolitik, jeder öffentlichen Unruhe. Durch Versuch und Irrtum hatte Callisto das ökologische Gleichgewicht perfektioniert, mit Hilfe des Mädchens die künstlerische Harmonie, so daß die Gezeiten des Pflanzenlebens und die Bewegungen der Vögel und der menschlichen Bewohner so vollkommen aufeinander abgestimmt waren wie die Rhythmen eines perfekt ausbalancierten Mobiles. Natürlich waren er und das Mädchen aus dieser Freistatt nicht mehr wegzudenken; sie waren für ihre Einheit unentbehrlich geworden. Was sie von draußen brauchten, wurde angeliefert. Sie selbst gingen nicht hinaus.

«Geht es ihm gut?» flüsterte sie. Sie lag wie ein lohfarbenes Fragezeichen ihm zugewandt, die Augen plötzlich groß und dunkel, mit langsam schlagenden Lidern. Callisto fuhr mit einem Finger unter die Federn am Halsansatz des Vogels, streichelte ihn sanft. «Ich glaube, er wird gesund. Schau, er hört seine Freunde erwachen.» Das Mädchen hatte den Regen und die Vögel schon gehört, noch ehe sie ganz wach war. Sie hieß Aubade. Sie war teils französischer, teils annamitischer Abstammung, und sie lebte auf ihrem eigenen, sonderbaren und einsamen Planeten, auf dem die Wolken und die Düfte der Flamboyantbäume, die Bitterkeit des Weins und achtlose Finger auf ihrem Rücken oder federgleich an ihren Brüsten sie unweigerlich zu Klängen reduziert erreichten: als eine Musik, die sich, mit Unterbrechungen, aus einer heulenden Düsternis von Dissonanzen erhob. «Aubade», sagte er, «sieh nach.» Gehorsam stand sie auf, ging leise zum Fenster, zog die Vorhänge zur Seite und sagte, nach einem Augenblick: «Siebenunddreißig. Noch immer 37.» Callisto runzelte die Stirn. «Seit Dienstag also», sagte er. «Keine Veränderung.» Drei Generationen vor ihm hatte Henry Adams entsetzt vor der Energie und ihrer Macht gestanden. In einer ähnlichen Lage empfand sich nun Callisto angesichts der Thermodynamik, dem inneren Gesetz dieser Macht, und wie seinem Vorgänger wurde ihm bewußt, daß die Jungfrau und der Dynamo so sehr für Liebe wie für Energie stehen; daß die beiden in der Tat identisch sind; und daß die Liebe daher nicht nur die Welt am Drehen hält, sondern auch die Boccia-Kugel in Rotation versetzt und die Präzession der Sternennebel lenkt. Es war dies letztere oder siderische Element, das ihn beunruhigte. Die Kosmologen hatten dem Universum einen Wärmetod vorausgesagt (etwas wie die Vorhölle: Form und Bewegung erloschen, die Wärmeenergie an allen Punkten gleich); die Meteorologen schoben ihn von Tag zu Tag hinaus, widersprachen mit der beruhigenden Reihe ihrer ständig wechselnden Temperaturen.

Doch seit nunmehr drei Tagen war die Quecksilbersäule, trotz des unbeständigen Wetters, bei 37 Grad Fahrenheit stehengeblieben. Stets Vorzeichen der Apokalypse witternd, wälzte sich Callisto unter der Bettdecke hin und her. Seine Finger schlossen sich fester um den Vogel, als suchte er in dessen Pulsschlag oder Schmerz die Gewißheit einer baldigen Änderung der Temperatur.

Es war der letzte Beckenschlag, der's schaffte. Aufschreckend wurde Meatball ins Bewußtsein zurückkatapultiert, während das synchronisierte Köpfewackeln über dem Papierkorb stoppte. Eine kurze Rauschfahne erfüllte den Raum, verschmolz dann mit dem Flüstern des Regens draußen. «Aarrgghh», verkündete Meatball in die Stille und starrte auf seine leere Magnum. Krinkles, in Zeitlupe, drehte sich nach ihm um, lächelte und hielt ihm eine Zigarette hin. «Tea-time, Mann», sagt er. «Nein, nein», sagte Meatball. «Wie oft muß ich euch das noch sagen. Nicht in meiner Bude. Ihr solltet wissen, daß in Washington die Bullenpest grassiert.» Krinkles blickte versonnen. «Herrjee, Meatball», sagte er, «mit dir ist wirklich nichts mehr los». – «Nur den Kater ersäufen», sagte Meatball. «Einzige Hoffnung. Ist noch was Trinkbares da?» Er begann, in Richtung Küche zu krauchen. «Kein Champagner mehr, glaub ich», sagte Duke. «'n Kasten Tequila hinterm Eisschrank.» Sie legten eine Scheibe von Earl Bostic auf. Meatball pausierte bei der Küchentür, stierte zu Sandor Rojas hinüber. «Zitronen», sagte er nach einiger Überlegung. Er kroch zum Kühlschrank, nestelte drei Zitronen und die Eiswürfel heraus, entdeckte den Tequila und machte sich daran, sein Nervenkostüm wieder in Ordnung zu bringen. Beim Schneiden der Zitronen zapfte er Blut, und er brauchte beide Hände, um sie auszuquetschen und einen Fuß, um die Eiswürfelschale zu knacken; aber nach etwa zehn Minuten fand er sich, wie durch ein Wunder, auf einen überdimensionalen Tequila sauer hinunterstrahlen. «Sieht lecker aus», sagte Sandor Rojas. «Wie wär's mit noch einem für mich?» Meatball blinzelte. *«Kicsi lófasz a seggedbe»*, erwiderte er automatisch und wanderte weiter ins Badezimmer. «Sagt mal», rief er im nächsten Augenblick niemand Bestimmtem zu. «Sagt mal, da scheint ein Mädchen oder irgendwas im Waschbecken zu schlafen.» Er nahm sie bei den Schultern und schüttelte sie. «Wha», sagte sie. «Allzu bequem hast du dir's nicht gemacht», sagte Meatball. «Tcha», stimmte sie zu. Sie stolperte zur Badewanne, drehte die Dusche auf und setzte sich im Schneidersitz in den kalten Strahl. «Viel besser», lächelte sie.

«Meatball», gellte Sandor Rojas aus der Küche. «Da will jemand zum Fenster rein. Ein Einbrecher wahrscheinlich.

Ein Hochparterrespezialist.» – «Was regst du dich auf», sagte Meatball. «Wir sind im dritten Stock.» Er trottete zurück in die Küche. Eine zerzauste, jammervolle Gestalt stand draußen auf der Feuertreppe und kratzte mit den Fingernägeln an der Scheibe. Meatball öffnete das Fenster. «Saul», sagte er.

«Ziemlich feucht draußen», sagte Saul. Er kletterte herein, tropfnaß. «Du hast es sicher schon gehört.»

«Miriam hat dich verlassen», sagte Meatball, «oder so was. Das ist alles, was ich gehört habe.»

Von der Wohnungstür erscholl ein jähes Klopfgewitter. «Hereinspaziert», rief Sandor Rojas. Die Tür ging auf und enthüllte drei Studentinnen von der George Washington, die allesamt Philosophie im Hauptfach hatten. Jede schleppte eine Vier-Liter-Flasche Chianti. Sandor sprang hoch und spurtete ins Wohnzimmer. «Hier soll 'ne Party sein», sagte eine Blondine. «Junges Blut» grölte Sandor. Er war ein ex-ungarischer Freiheitskämpfer, der am konkurrenzlos schlimmsten chronischen Fall dessen litt, was gewisse Kritiker aus bürgerlichen Kreisen als Don Juanismus im Distrikt von Columbia gegeißelt haben. *Purche porti la gonnella, voi sapete quel che fa.* Wie Pawlows Hund: eine tiefe Altstimme oder ein Hauch von Arpège, und Sandor begann zu speicheln. Meatball musterte das Trio mit trüben Blicken, als sie in die Küche geschnürt kamen; er zuckte mit den Schultern. «Stellt den Wein in den Kühlschrank», sagte er, «und schönen guten Morgen.»

Aubades Hals bildete einen goldenen Bogen im grünen Zwielicht des Raumes, als sie sich über das Kanzleipapier beugte und emsig zu schreiben begann. «Als junger Mann in Princeton», diktierte Callisto, den Vogel in das Nest aus grauen Haaren auf seiner Brust geschmiegt, «hatte sich Callisto eine Gedächtnisstütze für die Gesetze der Thermodynamik zurechtgelegt: Du hast keine Chance, alles wird schlimmer, eh's besser wird, wer sagt überhaupt, daß etwas besser wird. Im Alter von 54 Jahren, konfrontiert mit Gibbs' Vorstellung vom Universum, erkannte er plötzlich, wie sehr die Redensart des Studenten ein Orakel gewesen war. Das spindelige Labyrinth der Gleichungen wurde ihm zur Vision eines endgültigen, kosmischen Wärmetods. Natürlich hatte er schon immer gewußt, daß nur theoretische Maschinen und Systeme jemals einen Wirkungsgrad von 100 Prozent erreichten, und auch der Satz von Clausius, nach dem die Entropie in einem geschlossenen System stetig und unumkehrbar zunimmt, war ihm vertraut gewesen. Dennoch begann ihm erst, als Gibbs und Boltzmann die Methoden der statistischen Mechanik auf dieses Prinzip anwandten, dessen fürchterliche Konsequenz zu dämmern: Nun erst wurde ihm klar, daß das geschlossene System – Galaxis, Wärmekraftmaschine, Mensch, Kultur, was immer – sich spontan zum Zustand der Größeren Wahrscheinlichkeit hin entwickeln mußte. So sah er sich, im traurig-trüben Herbst seines Mittelalters, zu einer radikalen Neubewertung all dessen gezwungen, was er bis dahin gelernt hatte; all die Städte und Jahreszeiten und gelegentlichen Leidenschaften seiner Tage mußten nun in einem neuen, schwer faßbaren Licht gesehen werden. Er wußte nicht, ob er der Aufgabe gewachsen sein würde. Er war sich der Gefahren der Vereinfachung bewußt und, wie er hoffte, stark genug, nicht in die gefällige Dekadenz eines schwächlichen Fatalismus zu verfallen. Ihm war von jeher eine kraftvolle, italienische Art von Pessimismus eigen gewesen: Wie Machiavelli erlaubte er den Kräften von *virtú* und *fortuna* ein ungefähres Gleichgewicht von 50/50; doch nun brachten die Gleichungen einen Zufallsfaktor ins Spiel, der die Chancen auf ein unaussprechliches und unbestimmbares Verhältnis drückte, das zu berechnen er sich scheute.» Rund um ihn ragten die ungewissen Silhouetten der Treibhauswelt. Das erbarmungswürdig kleine Herz flatterte gegen sein eigenes. Kontrapunktisch zu seinen Worten hörte das Mädchen das über den regnerischen Morgen gebreitete Gezänk der Vögel und launische Gehupe der Autos und durch den Fußboden herauf die gelegentlichen wilden Ausbrüche von Earl Bostics Altsaxophon. Ständig wurde die architektonische Reinheit ihrer Welt durch solche Anzeichen von Anarchie bedroht: Risse und Auswölbungen und verzogene Linien und ein Verschieben und Sich-Neigen der Ebenen, dem sie sich unaufhörlich neu anpassen mußte, sollte nicht ihr ganzes Bauwerk in ein Chaos von unverbundenen und sinnlosen Signalen zerfallen. Callisto hatte den Vorgang einmal als eine Art von «Rückkopplung» beschrieben: jeden Abend kroch sie mit einem Gefühl der Erschöpfung in ihre Träume, und mit verzweifelter Entschlossenheit, niemals in ihrer Wachsamkeit nachzulassen. Selbst in den kurzen Zeitspannen, wenn Callisto mit ihr schlief, gehörte die einzige klingende Saite ihrer Hingabe den wahllosen Doppelgriffen, mit denen sie sich über die Bogenführung angespannter Nerven erhob.

«Dessenungeachtet», fuhr Callisto fort, «fand er in der Entropie oder dem Maß der Unordnung innerhalb eines geschlossenen Systems eine geeignete Metapher, um sie auf gewisse Phänomene seiner eigenen Welt anzuwenden. Er sah zum Beispiel, daß die jüngere Generation auf Madison Avenue mit dem gleichen Unmut reagierte, den die seine einst der Wall Street vorbehalten hatte, und entdeckte im amerikanischen ‹Konsumismus› eine ähnliche Tendenz von der geringsten zur größten Wahrscheinlichkeit, von Differenziertheit zu Einförmigkeit, von wohlgeordneter Individualität zu einer Form von Chaos. Er sah sich, kurz gesagt, die Gibbssche Prophezeiung auf dem sozialen Sektor nachvollziehen und sah einen Wärmetod seiner Kultur voraus, bei dem die Weitergabe von Ideen, analog zur Wärmeenergie, zum Stillstand kommen mußte, da endlich jeder Punkt die gleiche Energiemenge aufweisen würde: und jede geistige Bewegung würde dementsprechend enden.» Unvermittelt blickte er auf. «Sieh jetzt nach», sagte er. Wieder erhob sie sich und spähte hinaus auf das Thermometer. «37», sagte sie. «Der Regen hat aufgehört.» Er beugte schnell den Kopf und drückte seine Lippen gegen einen zitternden Flügel. «Dann wird es sich rasch ändern», sagte er mit bemüht fester Stimme.

Wie er so auf dem Herd saß, ähnelte Saul einer großen Flickenpuppe, an der ein Kind seine unergründliche Wut ausgelassen hatte. «Was ist passiert?» sagte Meatball. «Wenn du drüber reden willst, natürlich.»

«Klar will ich drüber reden», sagte Saul. «Das eine war, daß ich sie geschlagen habe.»

«Disziplin muß sein.»

«Ha, ha. Ich wollte, du wärst dabeigewesen. Oh, Meatball, es war ein prächtiger Kampf. Am Schluß schmiß sie ein *Handbuch für Chemie und Physik* nach mir, nur daß es vorbeiging und durchs Fenster segelte, und als das Glas zerbrach, muß auch in ihr etwas zerbrochen sein. Sie rannte heulend aus dem Haus, raus in den Regen. Ohne Regenmantel oder irgendwas.»

«Sie kommt zurück.»

«Nein.»

«Tja», sagte Meatball. Und nach einer Pause: «Sicher ging's um etwas Welterschütterndes. Zum Beispiel: wer ist besser, Sal Mineo oder Ricky Nelson.»

«Worum es ging», sagte Saul, «war Kommunikationstheorie. Was es natürlich ungemein komisch macht.»

«Ich habe keine Ahnung von Kommunikationstheorie.»

«Meine Frau auch nicht. Ganz ehrlich, wer hat die schon? Das ist ja der Witz.»

Als Meatball das ungesunde Lächeln in Sauls Gesicht sah, sagte er: «Vielleicht möchtest du einen Tequila oder so was.»

«Nein. Ich meine, es tut mir leid. Es ist einfach ein Gebiet, wo du völlig den Boden unter den Füßen verlieren kannst. Du kommst an einen Punkt, wo du überall nach Sicherheitsbeamten Ausschau hältst, hinter Büschen, um die Ecken. MUFTI ist streng geheim.»

«Häh.»

«Multifaktorieller Tabulationsintegraph.»

«Und deswegen habt ihr euch gestritten.»

«Miriam hat wieder Science-fiction gelesen. Das und den *Scientific American*. Sie scheint total auf diese Idee eingepegelt zu sein, wie wir so sagen, daß sich Computer verhalten können wie Menschen. Ich hab den Fehler gemacht und gesagt, daß man das ebensogut umdrehen und von menschlichem Verhalten reden kann wie von einem Programm, das in eine IBM-Maschine gefüttert worden ist.»

«Warum nicht», sagte Meatball.

«Allerdings, warum nicht. Das ist sogar ein ziemlich zentraler Punkt für die Kommunikation, ganz zu schweigen von der Informationstheorie. Aber als ich es sagte, ging sie in die Luft. Die Bombe war geplatzt. Und ich komme nicht dahinter, *warum*. Wenn überhaupt jemand dahinterkommen sollte, dann ich. Ich weigere mich zu glauben, daß die Regierung Steuergelder an mich verschwendet, wo sie so viele größere und bessere Dinge hat, für die sie Geld verschwenden kann.»

Meatball zog eine Grimasse. «Vielleicht dachte Miriam, daß du dich wie so 'n typischer, kalter, entmenschlichter, amoralischer Wissenschaftler aufführst.»

«Mein Gott», Saul warf einen Arm hoch. «Entmenschlicht. Wieviel menschlicher soll ich denn noch werden? Ich mach mir Sorgen, Meatball, wirklich. In Nordafrika wandern heutzutage Europäer herum, denen man die Zungen aus dem Kopf gerissen hat, weil diese Zungen die falschen Wörter ausgesprochen haben. Nur daß die Europäer dachten, es wären die richtigen Wörter.»

«Sprachbarriere», schlug Meatball vor.

Saul sprang vom Herd herunter. «Das», sagte er wütend, «ist ein guter Kandidat für den faulsten Witz des Jahres. Nein, du As, es ist *keine* Barriere. Wenn irgendwas, dann ist es eine Art von Streuverlust. Sag einem Mädchen: *I love you.* Keine Probleme mit zwei Dritteln davon, ein geschlossener Regelkreis. Nur du und sie. Aber dieses widerwärtige Vier-Buchstaben-Wort in der Mitte, *das* ist der Punkt, auf den du achten mußt. Mehrdeutigkeit. Redundanz. Völlige Bedeutungslosigkeit womöglich. Streuverluste. All das ist Rauschen. Das Rauschen macht dir dein Signal kaputt, sorgt für Unordnung im Regelkreis.»

Meatball schlurfte herum. «Je nun, Saul», murmelte er, «irgendwie, ich weiß nicht, erwartest du 'ne ganze Menge von den Leuten. Ich mein, weißt du: Es ist eben so, daß das meiste, was wir sagen, wahrscheinlich meistens Rauschen ist.»

«Ha! Die Hälfte von dem, was du gerade gesagt hast, zum Beispiel.»

«Ja, aber dir passiert's auch.»

«Ich weiß.» Saul lächelte grimmig. «Es ist einfach heidenmäßig schwer.»

«Ich wette, genau das bringt den Scheidungsanwälten ihr Geld. Hoppla.»

«Ach, ich bin nicht empfindlich. Und im übrigen», stirnrunzelnd, «hast du recht. Bei den meisten ‹erfolgreichen› Ehen – Miriams und meiner bis gestern abend – wirst du finden, daß sie mehr oder weniger auf Kompromissen basieren. Die Sache läuft nie mit vollem Wirkungsgrad; meistens hast du nur einen Minimalkonsens für das

Machbare. ‹Mündige Partnerschaft› ist wohl die Phrase, die man dafür nimmt.»

«Aarrgghh.»

«Genau. Du hörst ein leises Rauschen, stimmt's? Aber der Rauschanteil ist unterschiedlich für uns beide, weil du ein Junggeselle bist und ich nicht. Oder nicht war. Zum Teufel damit.»

«Sicher», sagte Meatball, der hilfreich sein wollte, «ihr habt verschiedene Worte benutzt. Mit ‹menschliches Wesen› hast du etwas gemeint, was du betrachten kannst wie einen Computer. Was dir das Denken bei der Arbeit leichter macht, oder so. Miriam dagegen hat etwas völlig –»

«Zum Teufel damit.»

Meatball verstummte. «Ich nehm den Drink», sagte Saul nach einer Weile.

Das Kartenspiel war aufgegeben worden, und Sandors Freunde verausgabten sich langsam aber sicher am Tequila. Auf der Wohnzimmercouch waren eine der Studentinnen und Krinkles in amouröse Konversation vertieft. «Nein», sagte Krinkles gerade, «auf Dave laß ich nichts kommen. Von Dave halt ich 'ne Menge, wirklich. Vor allem mit seinem Unfall und so.» Das Lächeln des Mädchens verblaßte. «Wie schrecklich», sagte sie. «Welcher Unfall?» – «Hast du nie davon gehört?» sagte Krinkles. «Als Dave bei der Army war, nur als einfacher Soldat, da hat man ihn zu einem Sondereinsatz runter nach Oak Ridge kommandiert. Hatte was mit dem Manhattan-Projekt zu tun. Eines Tages hantierte er mit heißem Zeug und kriegte eine Überdosis Strahlung ab. Deshalb muß er jetzt ständig Bleihandschuhe tragen.» Sie schüttelte mitfühlend den Kopf. «Ein schrecklicher Schlag für einen Klavierspieler.»

Meatball hatte Saul einer Flasche Tequila überlassen und wollte sich gerade in einem Wandschrank schlafen legen, als die Eingangstür aufflog und fünf U.S.-Navy-

Dienstgrade in den verschiedensten Stadien alkoholischer Verheerung in die Wohnung drängten. «Hier musses sein», brüllte ein fetter, pickeliger Leichtmatrose, der sein weißes Käppi verloren hatte. «Hier ist das Hurnhaus, von dem der Chief erzählt hat.» Ein flechsiger Bootsmannsmaat dritter Klasse schob ihn zur Seite und warf einen prüfenden Blick ins Wohnzimmer. «Hast recht, Slab», sagte er. «Aber es macht nicht viel her, nicht mal für hier. Drüben in Neapel hab ich beßre Fotzen gesehen.» – «Was soll's denn kosten?» dröhnte ein hünenhafter Matrose mit Polypen, der ein Einmachglas voller hochprozentiger Fusel im Arm hielt. «O mein Gott», sagte Meatball.

Draußen blieb die Temperatur unverändert bei 37 Grad Fahrenheit. Im Treibhaus streichelte Aubade geistesabwesend die Zweige einer jungen Mimose und hörte ein Motiv aufsteigender Säfte, das vordeutende, noch nicht aufgelöste Thema jener zarten rosa Blüten, von denen es heißt, daß sie Fruchtbarkeit bescheren. Die Musik erhob sich in einem verschlungenen Filigran: Arabesken der Ordnung in fugiertem Wettstreit mit den improvisierten Mißklängen der Party unten, die immer wieder in Spitzen und Wellenbergen von Geräusch nach oben drangen. Das kostbare Verhältnis zwischen Signal und Rauschanteil, das im Gleichgewicht zu halten jede Kalorie ihrer Kraft erforderte, pulste in dem schmalen, zartknochigen Schädel, während sie Callisto beobachtete, der den Vogel hielt. Den fiederigen Ballen in seinen Händen liebkosend, versuchte Callisto, jede denkbare Vorstellung des Wärmetods vor sich Revue passieren zu lassen. Er suchte nach Entsprechungen. Sade, natürlich. Und Temple Drake, ausgezehrt und hoffnungslos in ihrem kleinen Park in Paris, am Ende von *Sanctuary*. Das endgültige Gleichgewicht. *Nightwood*. Und der Tango. Jeder Tango, aber mehr als jeder andere wohl jener melancholisch-müde Tanz in Strawinskis *L'histoire du sol-*

dat. Er dachte zurück: Was war ihnen die Tangomusik nach dem Krieg gewesen, welche Bedeutungen waren ihm entgangen an all den würdig zu Paaren getriebenen Automaten in den *cafés dansants* oder den Metronomen, die hinter den Augen seiner eigenen Partnerinnen getickt hatten? Nicht einmal die reine Luft der Schweiz konnte die *grippe espagnole* kurieren: Strawinski hatte sie gehabt, sie hatten sie alle gehabt. Und wie viele Musiker waren denn noch übrig nach Passchendaele, nach der Marne? Es reduzierte sich, in diesem Fall, auf sieben: Violine, Kontrabaß. Klarinette, Fagott. Kornett, Posaune. Pauken. Fast so, als hätte sich irgendeine winzige Truppe von Hochstaplern vorgenommen, die gleiche Klanginformation zu übermitteln wie ein großes Opernorchester. In ganz Europa gab es kaum noch eine komplette Besetzung. Doch Strawinski hatten Violine und Pauken genügt, um in diesem Tango dieselbe Erschöpfung, dieselbe Atemnot auszudrücken, die man an den pomadigen, Vernon Castle imitierenden Jünglingen beobachten konnte und auch an ihren Mätressen, denen ohnehin alles gleichgültig war. *Ma maîtresse*. Celeste. Als er nach dem zweiten Krieg nach Nizza zurückgekehrt war, hatte er an Stelle jenes Cafés eine Parfümerie für amerikanische Touristen vorgefunden. Und keine verborgene Spur von ihr in den Pflastersteinen oder der alten Pension nebenan; kein Parfüm, das ihrem Atem gleichkam, wenn er schwer war von dem süßen, spanischen Wein, den sie so gerne trank. Und so hatte er sich statt dessen einen Roman von Henry Miller gekauft und den Zug nach Paris genommen und das Buch noch unterwegs gelesen, so daß er zumindest ein wenig vorgewarnt war, als er ankam. Und sah, daß Celeste und die anderen und sogar Temple Drake nicht alles gewesen waren, was sich geändert hatte. «Aubade», sagte er, «ich habe Kopfschmerzen.» Der Klang seiner Stimme rief in dem Mädchen einen antwortenden Melodiefetzen hervor. Ihre Bewegung zur Küche, zum Handtuch, zum kalten Wasser und seine Blicke, die ihr folgten, formten einen geisterhaften, komplizierten Kanon; als sie die Kompresse auf seine Stirn legte, schien sein dankbarer Seufzer ein neues Thema, eine neue Reihe von Modulationen anzukündigen.

«Nein», beteuerte Meatball noch immer, «nein, bedaure. Das ist kein Puff hier. Es tur mir leid, wirklich.» Slab blieb unnachgiebig. «Aber der Chief hat gesagt», wiederholte er immer wieder. Der Matrose bot seinen Schwarzgebrannten zum Tausch für einen talentierten Arsch an. Meatball blickte panisch um sich, als suche er Hilfe. In der Mitte des Zimmers war das Duke-di-Angelis-Quartett in einen historischen Augenblick vertieft. Vincent saß, die anderen standen: sie vollführten die Bewegungen einer Gruppe in Session, nur ohne Instrumente. «Also sagt mal», sagte Meatball. Duke wiegte ein paarmal den Kopf, lächelte vage, zündete sich eine Zigarette an, bis sein Blick schließlich an Meatball hängenblieb. «Ruhig, Mann», flüsterte er. Vincent begann seine Arme herumzuwirbeln, die Fäuste geballt; hielt dann plötzlich inne; und wiederholte die Darbietung. So ging es ein paar Minuten, während Meatball melancholisch an seinem Drink nippte. Die Navy hatte sich in die Küche zurückgezogen. Auf ein unsichtbares Signal hin stellte die Gruppe ihr rhythmisches Fußetappen ein, und Duke grinste und sagte: «Wenigstens sind wir zusammen fertig geworden.»

Meatball stierte ihn an. «Also sagt mal», sagte er. «Ich habe dieses neue Konzept, Mann», sagte Duke. «Erinnerst du dich an deinen Namensvetter. Erinnerst du dich an Gerry.»

«Nein», sagte Meatball. «*I'll Remember April*, wenn dir das hilft.»

«Genaugenommen», sagte Duke, «war es *Love for Sale*.

Was nur beweist, wie wenig Ahnung du hast. Es geht darum, daß es Mulligan war, mit Chet Baker und der Crew von damals, dort drüben. Klingelt's jetzt?»

«Bariton-Sax», sagte Meatball. «Irgendwas mit einem Bariton-Saxophon.»

«Aber kein Klavier, Mann. Keine Gitarre. Oder Akkordeon. Du weißt, was das bedeutet.»

«Nicht so ganz», sagte Meatball.

«Gut, laß mich erst mal sagen, daß ich kein Mingus bin, kein John Lewis. Die Theorie war nie meine starke Seite. Ich meine, Notenlesen und so 'ne Art Sachen war immer schwierig für mich –»

«Ich weiß», sagte Meatball trocken. «Beim Kiwanis hat man dich rausgeschmissen, weil du mal bei einem Klub-Picknick mitten in ‹Happy Birthday› die Tonart gewechselt hast.»

«Bei den Rotariern. Aber mir ist aufgegangen, in einem von diesen lichten Momenten, daß es nur eins bedeuten konnte, wenn Mulligans erstes Quartett kein Klavier hatte.»

«Keine Akkorde», sagte Paco, der milchgesichtige Bassist.

«Was er sagen will», sagte Duke, «ist: keine Stützakkorde. Nichts, worauf du hören kannst, während du deine Melodielinie bläst. Was man in so einem Fall macht, ist, man *denkt* sich die Akkorde.»

Meatball dämmerte eine schreckliche Erkenntnis. «Und der nächste logische Schritt», sagte er.

«Ist, sich alles zu denken», verkündete Duke mit schlichter Würde. «Akkorde, Melodielinie, alles.»

Meatball sah Duke an, ganz Ehrfurcht. «Aber», sagte er.

«Nun ja», sagte Duke bescheiden, «die Sache hat noch ein paar Mucken.»

«Aber», sagte Meatball.

«Hör einfach zu», sagte Duke. «Du wirst es schon kapieren.» Und sie hoben wieder ab in ihre Umlaufbahn, wahrscheinlich irgendwo auf Höhe des Asteroidengürtels. Nach einer Weile spitzte Krinkles die Lippen und begann, seine Finger zu bewegen, und Duke schlug sich mit der Hand an die Stirn. «Trottel!» brüllte er. «Das neue Arrangement spielen wir doch, erinnerst du dich, was ich gestern abend notiert habe.» – «Klar», sagte Krinkles, «das neue Arrangement. Ich komm zum Mittelteil rein. Bei deinen Arrangements komm ich immer zum Mittelteil rein.» – «Eben», sagte Duke. «Warum also –» – «Wha», sagte Krinkles, «16 Takte hab ich gewartet, dann bin ich rein –» – «16?» sagte Duke. «Nein, Krinkles, nein. Acht hast du gewartet. Soll ich dir's vorsingen? Ein roter Lippenabdruck auf der Zigarette, ein Freiflugticket in die fernsten Städte.» Krinkles kratzte sich am Kopf. «*These Foolish Things*, meinst du.» – «Ja», sagte Duke, «ja, Krinkles. Bravo.» – «Nicht *I'll Remember April*», sagte Krinkles. «*Minghe morte*», sagte Duke. «Ich hatte *gleich* das Gefühl, daß wir's ein bißchen langsam spielen», sagte Krinkles. Meatball gluckste. «Zurück ans alte Reißbrett», sagte er. «Nein, Mann», sagte Duke, «zurück in die luftlose Leere.» Und sie starteten von neuem, nur schien Paco in Gis zu spielen und die anderen in Es, so daß sie noch mal von vorn anfangen mußten.

In der Küche sangen zwei der Mädchen von der George Washington und die Seeleute *Let's All Go Down* und *Piss on the Forrestal*. Drüben beim Eisschrank fand ein beidhändiges, zweisprachiges *Morra*-Spiel statt. Saul hatte mehrere Papiertüten mit Wasser gefüllt und saß nun auf der Feuertreppe, von der er sie auf zufällige Passanten hinunterwarf. Ein fettes Regierungsmädchen in einem Bennington-Sweat-shirt, das sich vor kurzem mit einem Leutnant von der *Forrestal* verlobt hatte, kam mit gesenktem Kopf in die

Küche gestürmt und rammte Slab in den Magen. Dankbar für den ersehnten Anlaß zu einer Prügelei drängten Slabs Kumpel in den Raum. Die *Morra*-Spieler, Nase gegen Nase, brüllten aus Leibeskräften *trois, sette*. Unter der Dusche verkündete das Mädchen, das Meatball aus dem Waschbecken gezogen hatte, daß es am Ertrinken war. Offenbar hatte sie sich auf den Abfluß gesetzt, und nun stand ihr das Wasser bis zum Hals. Der Geräuschpegel in Meatballs Wohnung hatte ein anhaltendes, gottloses Crescendo erreicht.

Meatball stand und schaute und kratzte sich behäbig am Bauch. So wie er die Sache sah, schienen ihm nur zwei Möglichkeiten zu bleiben: (a) sich im Wandschrank einzuschließen, und vielleicht würden irgendwann alle gehen; oder (b) zu versuchen, die ganze Bagage zu beruhigen, einen nach dem anderen. (a) war entschieden die verlokkendere Alternative. Aber dann begann er, über diesen Wandschrank nachzudenken. Dort war's dunkel und muffig, und er wäre ganz allein. Er mochte es nicht besonders, allein zu sein. Und dann käme diese Crew vom guten Schiff Lollipop, oder wie immer es hieß, womöglich noch auf die Idee, zum Jux die Schranktür einzutreten. Und wenn das passierte, wäre es ihm, zum allermindesten, sehr peinlich. Der andere Weg war mehr die Ochsentour, aber auf lange Sicht wahrscheinlich der bessere.

So entschloß er sich, es zu versuchen und seine Kündigungsparty vor dem Abrutschen ins totale Chaos zu bewahren: er gab den Seeleuten Wein und brachte die *Morra*-Spieler auseinander; er machte das fette Regierungsmädchen mit Sandor Rojas bekannt, der sich schon um sie kümmern würde; er half dem Mädchen aus der Wanne, sich abzutrocknen und ins Bett zu kommen; er sprach noch einmal mit Saul; und er rief den Kundendienst für den Kühlschrank, der, wie irgendwer gemerkt hatte, nicht mehr richtig funktionierte. Mit alldem war er bis zum Einbruch der Dunkelheit beschäftigt, als die meisten Zecher schon schlappgemacht hatten und die Party zitternd auf der Schwelle ihres dritten Tages stand.

Oben spürte Callisto, hilflos in der Vergangenheit, nicht, wie der schwache Rhythmus im Inneren des Vogels erlahmte und auszusetzen begann. Aubade stand am Fenster, verloren in die Aschenwüste ihrer lieblichen Welt; die Temperatur war unverändert, der Himmel hatte ein gleichförmiges, sich verdunkelndes Grau angenommen. Dann riß etwas von unten – der Schrei eines Mädchens, ein umgestürzter Stuhl, ein zu Boden gefallenes Glas, er würde es nie genau erfahren – diese abgeschiedene Zeitschleife auf; und er nahm das Stocken, die Muskelkrämpfe, das winzige Sich-Recken des Vogelkopfes wahr; und sein eigener Puls begann wütender zu schlagen, als wolle er einen Ausgleich schaffen. «Aubade», rief er mit schwacher Stimme, «er stirbt.» Das Mädchen, fließend und entrückt, kam durch das Treibhaus auf Callisto zu und starrte auf seine Hände nieder. So verharrten die beiden, in Schwebe, für eine Minute, für zwei, während der Herzschlag in einem anmutigen Diminuendo hinuntertickte ins endliche Schweigen. Callisto hob langsam den Kopf. «Ich habe ihn gehalten», protestierte er, kraftlos in seinem Staunen, «um ihm die Wärme meines Körpers zu geben. Fast so, als wollte ich ihm Leben übertragen, oder ein Gefühl von Leben. Was ist geschehen? Hat der Wärmeaustausch aufgehört zu funktionieren? Gibt es keine ...» Er sprach nicht zu Ende.

«Ich war eben am Fenster», sagte sie. Er ließ sich zurücksinken, angsterfüllt. Sie blieb noch einen Augenblick unschlüssig stehen; schon vor langer Zeit hatte sie seine Obsession gespürt und wußte nun, daß diese konstanten 37 den Ausschlag gaben. Dann plötzlich, als sähe sie die einzige und unausweichliche Schlußfolgerung aus alldem, ging sie rasch zum Fenster, ehe Callisto ein Wort sagen konnte; riß die Vorhänge weg und durchstieß das Glas mit zwei zierlichen Händen, die sich, funkelnd von Splittern, blutig färbten; und wandte sich um, um dem Mann auf dem Bett ins Gesicht zu sehen und mit ihm zu warten, bis der Moment des Ausgleichs erreicht war, da 37 Grad Fahrenheit draußen wie drinnen herrschen würden für immer und die verhaltene, sonderbare Dominante ihrer isolierten Leben sich auflöste in einen Grundton von Finsternis und endgültiger Abwesenheit jeder Bewegung.

Die heimliche Integration

Draußen regnete es, der erste Oktoberregen, das Ende der Heuernte und der Leuchtkraft des Herbstes, seiner Reinheit des Lichts, einer beständigen Klarheit des Wetters, die die New Yorker vor noch nicht allzu vielen Wochenenden in Scharen in die Berkshires gelockt hatte, um die Bäume sich unter dieser Sonne verfärben zu sehen. Heute dagegen war Samstag, und es regnete, eine lausige Kombination. Drinnen wartete Tim Santora darauf, daß es zehn Uhr würde, und überlegte währenddessen, wie er an seiner Mutter vorbei aus dem Haus kommen sollte. Grover wollte ihn um zehn an diesem Vormittag treffen, also mußte er hinaus. Er kauerte zusammengerollt in einer alten Waschmaschine, die umgekippt in einem Hinterzimmer des Hauses lag; er lauschte dem Regen, der durch ein Abflußrohr heruntergluckerte, und betrachtete eine Warze auf seinem Finger. Die Warze war schon seit zwei Wochen da, und sie machte keine Anstalten zu verschwinden. Vor ein paar Tagen war seine Mutter mit ihm zu Dr. Slothrop rübergegangen, der ihm irgendein rotes Zeug draufpinselte, das Licht löschte und sagte: «So, jetzt werde ich meine magische Purpurlampe anknipsen, und du paßt auf, was mit der Warze passiert!» Die Lampe sah nicht besonders magsich aus, aber als der Doktor sie einschaltete, leuchtete die Warze hellgrün auf. «Na prima», sagte Dr. Slothrop. «Grün. Das heißt, die Warze wird verschwinden, Tim. Sie hat keine Chance!» Als sie aber gingen, sagte der Doktor zu Tims Mutter mit der gesenkten Stimme, die Tim zu belauschen gelernt hatte: «Suggestionstherapie hilft in rund 50 Prozent der Fälle. Wenn es sich jetzt nicht von selbst gibt, bringen Sie ihn noch mal vorbei, und wir versuchen's mit flüssigem Stickstoff.» Zu Hause angekommen, lief Tim sofort zu Grover hinüber, um ihn zu fragen, was «Suggestionstherapie» bedeutete. Er fand ihn unten im Keller, wo er an einer neuen Erfindung arbeitete.

Grover Snodd war etwas älter als Tim und ein Wunderkind. Innerhalb gewisser Grenzen jedenfalls. Ein Wunderkind mit kleinen Fehlern. Seine Erfindungen funktionierten beispielsweise nicht immer. Und letztes Jahr war er auf diesen Dreh mit den Hausaufgaben gekommen, die er jedem für zehn Cent pro Auftrag erledigte. Dabei hatte er sich zu oft verraten. Sie wußten irgendwie (sie hatten eine «Kurve,» erklärte Grover, die ihnen sagte, welche Leistungen von jedem zu erwarten waren), daß er hinter all den Zweiern und Einsern steckte, die die Kinder plötzlich bekamen. «Gegen das Gesetz des Durchschnitts kommst du nicht an», sagte Grover, «du kommst nicht an gegen die Kurve». Und so hatten sie ernstlich begonnen, seine Eltern von der Notwendigkeit eines Schulwechsels zu überzeugen. Egal wohin. Hauptsache weg. Grover mochte ein Experte für alle Unterrichtsthemen vom Eruptivgestein bis zu den Indianerkriegen sein, aber er war doch, so sah es Tim, zu dumm, um seine Klugheit zu verbergen. Wann immer er eine Gelegenheit sah, sie zur Schau zu stellen, wurde er schwach. Hieß eine Aufgabe etwa: jemand hat einen dreieckigen Hof, bestimme den Flächeninhalt, so konnte Grover nicht widerstehen, ein wenig Trigonometrie ins Spiel zu bringen, was die Hälfte der Klasse nicht einmal richtig aussprechen konnte, oder es gar mit einem Integral zu versuchen, was für die anderen ein Wort war, das hin und wieder in ihren Weltraumcomics vorkam, aber eben nur als Wort. Doch Tim und die anderen übten Toleranz mit Grover. Warum sollte er nicht angeben? Er hatte es oft verdammt schwer. Sich mit Gleichaltrigen über höhere Mathematik oder höheres Sonstwas unterhalten zu wollen, war vollkommen sinnlos. Früher, vertraute Grover Tim an, hatte er mit seinem Vater über Außenpolitik diskutiert, bis es eines Abends zu einer ernsthaften Meinungsverschiedenheit in Sachen Berlin gekommen war. «Ich weiß genau, was sie tun müßten», kreischte Grover (er kreischte ständig – kreischte die Wände an oder was sich sonst Solides um ihn fand, um einem klarzumachen, daß seine Wut nicht dir galt, sondern etwas anderem, das mit der aufgeblasenen Erwachsenenwelt zu tun hatte, die die Großen für sich bauten und umbauten und ohne ihn bewohnten, mit einer Trägheit und Starrsinnigkeit, die zu überwinden er, außer in sich selbst, zu klein war), «ganz genau, was sie tun müßten.» Aber als Tim fragte, was er damit meine, sagte Grover nur: «Schon gut. Worüber wir gestritten haben, ist nicht wichtig. Aber jetzt reden wir nicht mehr miteinander, und *das* ist wichtig. Jetzt lassen sie mich in Ruhe, wenn ich zu Hause bin, und ich lasse sie in Ruhe.» Dieses Jahr war er nur an den Wochenenden und am Mittwoch zu Hause. Die übrigen Tage pendelte er zwanzig Meilen zu einem Knabencollege in den Berkshires, das nach dem Modell von Williams organisiert, aber kleiner war, und belegte dort seine Kurse und unterhielt sich mit den Leuten über höheres Allfälliges. Die Public School hatte gesiegt und ihn verbannt. Sie hatten keine Zeit für ihn und wollten, daß jeder seine Hausaufgaben selber machte. Auch Grovers Vater fand das offenbar okay, wegen dieser Entfremdung über Berlin. «Nicht daß er dumm wäre oder fies», kreischte Grover den Ölbrenner seiner Familie an. «Das ist er nicht. Es ist viel schlimmer. Er versteht Dinge, an denen mir nichts liegt. Und mir liegt nicht an Dingen, die er niemals verstehen wird.»

«Kapier ich nicht», sagte Tim. «Hey, Grover, was bedeutet ‹Suggestionstherapie›?»

«So was wie Gesundbeten», sagte Grover. «Und damit wollen sie die Warze wegbringen?»

«Yeah.» Er erzählte von dem roten Zeug, das grün geleuchtet hatte, und von der Lampe.

«Ultraviolette Fluoreszenz», sagte Grover mit unverkennbarem Spaß an den Wörtern, «hat keinerlei Wirkung auf die Warze. Sie wollen sie wegreden, aber das hab ich ihnen gerade vermasselt!» Und er begann zu lachen, kugelte sich auf dem Kellerboden, als ob ihn jemand kitzelte. «Es wird nichts nützen. Sie wird verschwinden, wenn sie verschwinden will, das ist alles. Warzen haben ihren eigenen Willen.»

Es kitzelte Grover immer, wenn er einen Plan der Erwachsenen durchkreuzen konnte. Tim wäre es nie eingefallen, nach einem Grund dafür zu suchen. Grover selbst kümmerte sich nur am Rande um seine Motive. «Sie halten mich für klüger, als ich bin», spekulierte er einmal. «Ich glaube, sie haben diese Vorstellung von einem ‹Wunderkind› – wie sie einen gerne hätten, weißt du. Sie sehen sie im Fernsehen oder irgendwo, und genau so soll ich dann auch sein.» Tim erinnerte sich, daß Grover an diesem Tag sehr wütend gewesen war, weil eine neue Erfindung nicht funktioniert hatte. Eine Natrium-Granate: zwei Abteile, gefüllt mit Natrium und Wasser und durch eine zerreißbare Membrane getrennt. Sobald das Natrium mit dem Wasser in Berührung käme, würde es mit einem gewaltigen Knall hochgehen. Aber die Membrane war zu stark gewesen oder sonst was, jedenfalls platzte sie nicht. Um alles noch schlimmer zu machen, hatte Grover *Tom Swift und seine Zauberkamera* von Victor Appleton gelesen. Er stieß ständig auf diese Tom-Swift-Bücher, anscheinend durch Zufall, obwohl er kürzlich die Theorie aufgestellt hatte, daß es sich um ein Komplott handelte: daß die Bücher *auf ihn* stießen und daß seine Eltern und/oder die Schule zutiefst in die Angelegenheit verwickelt waren. Tom-Swift-Bücher waren ein offener Affront gegen ihn, so als erwarte man, daß er in einen Wettbewerb einträte, noch bessere Erfindungen machte und noch mehr Geld damit scheffelte und es klüger investierte als Tom Swift ...

«Ich hasse Tom Swift», kreischte er.

«Dann hör doch auf, diese Bücher zu lesen», schlug Tim vor.

Das aber konnte Grover nicht; er versuchte es, aber er konnte nicht aufhören. Immer wenn eines dieser Bücher wie aus einem unsichtbaren, übelwollenden Toaster vor ihm auftauchte, verschlang er es. Es war eine Sucht; er wurde verfolgt von Kampfluftschiffen und elektrischen Gewehren. «Das Zeug ist gräßlich», sagte er, «der Bursche ist ein Angeber, er redet komisch, und er ist ein Snob und ein» – er schlug sich an die Stirn, bis ihm das Wort einfiel – «Rassist.»

«Ein was?»

«Du kennst doch diesen farbigen Diener von Tom Swift, Eradicate Sampson, erinnerst du dich? Kurz ‹Rad› genannt. Es ist einfach abstoßend, wie er mit dem Burschen umspringt. Läßt man mich dieses Zeug etwa lesen, damit ich genauso werde?»

«Vielleicht wollen sie», sagte Tim aufgeregt, weil es ihm plötzlich klargeworden war, «vielleicht wollen sie, daß du Carl so behandelst!» Er meinte Carl Barrington, einen farbigen Jungen, den sie kannten. Seine Familie war vor noch nicht allzu langer Zeit aus Pittsfield zugezogen. Die Barringtons lebten in den Northumberland Estates, einem Neubaugebiet, das hinter einem aufgelassenen Steinbruch und ein paar Roggenfeldern von dem älteren Teil Mingeboroughs entfernt lag, in dem Grover und Tim wohnten. Wie die beiden und Etienne Cherdlu war auch Carl jederzeit zu Streichen aufgelegt, und zwar nicht nur zum Zuschauen und Mitlachen, sondern auch zur praktischen Ausführung und zum Aushecken von immer neuen, was einer der Gründe war, warum die vier ständig zusammensteckten. Die Andeutung, daß Rad, eine Romanfigur, irgend etwas mit Carl zu tun haben sollte, verwirrte Grover.

«Mögen sie Carl nicht, oder was?» fragte er.

«Ich glaube nicht, daß es um ihn geht. Es geht um seine Mutter und um seinen Vater.»

«Was haben sie denn angestellt?»

Tim machte ein Frag-mich-doch-nicht-Gesicht. «Pittsfield ist eine Großstadt», sagte er. «Ich glaube, in einer Großstadt kann man so ziemlich alles anstellen. Vielleicht hatten sie ein illegales Lottobüro.»

«Das hast du vom Fernseher», tadelte Grover, und Tim sagte ja und lachte. Grover fragte: «Weiß deine Mutter, daß du und ich und Carl rumziehen und ... na ja, du weißt schon: Blödsinn machen?»

«Ich hab ihr nichts gesagt», sagte Tim. «Und sie hat mir nichts verboten.»

«Erzähl ihr auch weiter nichts», sagte Grover. Und Tim hielt sich dran. Nicht daß Grover jemals Befehle gegeben hätte; aber es herrschte ein stillschweigendes Einverständnis unter ihnen, daß er, auch wenn er sich manchmal irrte, doch sehr viel mehr wußte als die anderen und daß es richtig war, auf ihn zu hören. Wenn er dir sagte, daß eine Warze nicht verschwinden würde, daß sie ihren eigenen Willen hätte, dann konnten alle Purpurlampen und grünen Fluoreszenzen von ganz Massachusetts nichts ausrichten. Die Warze würde bleiben.

Tim musterte die Warze mit einem leichten Argwohn,

als verberge sich in ihr eine unabhängige Intelligenz. Wäre er ein paar Jahre jünger gewesen, so hätte er ihr sicher einen Namen gegeben, aber inzwischen begriff er allmählich, daß nur die kleinen Kinder den Dingen Namen gaben. Jetzt saß er in der Waschmaschine, die ihm voriges Jahr als Raumkapsel gedient hatte, lauschte dem Regen, begann sich vorzustellen, wie es sein mußte, wenn man älter wurde und schließlich alt und immer noch älter, brach den Gedanken ab, ehe er sich in einen an den Tod verwandelte und beschloß, Grover heute zu fragen, ob er etwas Neues über diese andere Sache, den flüssigen Stickstoff, herausgefunden hätte. «Stickstoff ist ein Gas», war er von ihm belehrt worden, «ich hab noch nie gehört, daß es eine Flüssigkeit sein soll.» Und das war alles gewesen. Aber vielleicht konnte ihm Grover heute mehr erzählen. Man wußte nie, was er vom College mitbringen würde. Einmal hatte er ein vielfarbiges Modell eines Proteinmoleküls angeschleppt, das sich jetzt im Versteck befand, zusammen mit dem japanischen Fernseher und dem Natriumvorrat, ein paar alten Getriebeteilen vom Schrottplatz von Etienne Cherdlus Vater, einer Betonbüste von Gouverneur Landon, die bei einem der wöchentlichen Raubzüge durch den Stadtpark von Mingeborough erbeutet worden war, und einem kaputten Mies-van-der-Rohe-Stuhl, den sie aus einem der anderen alten Landhäuser gerettet hatten, ganz zu schweigen von dem Sortiment Kronleuchterteile, den Fetzen von Wandteppichen, den Geländerpfosten aus Teakholz oder dem Pelzmantel, den sie der Büste um den Hals hängen und sich manchmal drunter verstecken konnten, wie in einem Zelt.

Tim rollte sich aus der Maschine heraus und schlich, so leise er konnte, in die Küche, um auf die Uhr zu schauen. Es war kurz nach zehn. Grover selbst war nie pünktlich, aber er verlangte es von den anderen. «Pünkt-lich-keit», deklamierte er immer und ließ die Silben auf dich zurollen wie eine unablenkbare Glasmurmel, «scheint keineswegs eine deiner hervorstechenden Tugenden zu sein.» Worauf man ihm nur mit einem «Häh?» zu antworten brauchte, damit er das Ganze vergaß und zur Sache kam. Auch aus diesem Grund hatte ihn Tim gern.

Tims Mutter war nicht im Wohnzimmer, der Fernseher war ausgeschaltet, und er dachte zuerst, daß sie wohl weggegangen wäre. Er zog seinen Regenmantel vom Bügel im Flurschrank und machte sich auf den Weg zur Hintertür. Da hörte er, wie sich die Wählscheibe des Telefons drehte. Er bog um eine Ecke, und da stand sie, unter der hinteren Treppe, das blaue Schmucktelefon zwischen Unterkiefer und Schulter geklemmt. Sie hatte mit einer Hand gewählt und hielt die andere, zu einer kleinen, bleichen Faust geballt, vor sich in die Luft gestreckt. Auf ihrem Gesicht lag ein Ausdruck, den Tim noch nie an ihr bemerkt hatte. Ein wenig – wie sollte man sagen: nervös? beunruhigt? – er wußte es nicht. Wenn sie ihn gesehen hatte, so ließ sie das nicht merken, obwohl er laut genug gewesen war. Das Summen im Hörer verstummte, und jemand meldete sich.

«Ihr Nigger», spie seine Mutter plötzlich heraus, «ihr dreckigen Nigger, verschwindet aus dieser Stadt, geht zurück nach Pittsfield. Haut ab, oder wir machen euch Beine.» Und sie legte rasch auf. Die Hand, die zur Faust geballt war, hatte gezittert, und nun fing auch ihre andere Hand, sobald sie den Hörer losgelassen hatte, leicht zu zittern an. Als hätte sie ihn wie ein Tier gewittert, drehte sie sich blitzartig herum; ertappte Tim, wie er sie verblüfft beobachtete.

«Ach, du», sagte sie und begann zu lächeln, aber nicht mit den Augen.

«Was hast du da gemacht?» sagte Tim, obwohl er das gar nicht fragen wollte.

«Ach, nur ein Scherz, Tim», sagte sie, «nur ein kleiner Streich.»

Tim zuckte die Achseln und ging weiter zur Hintertür. «Ich gehe raus», sagte er, ohne sich zu ihr umzudrehen. Er wußte, daß sie ihm keine Schwierigkeiten machen würde, jetzt, wo er sie erwischt hatte.

Er rannte hinaus in den Regen, an zwei nassen Fliederbüschen vorbei, einen Abhang hinunter in langes, abgemähtes Gras, seine Turnschuhe waren schon nach wenigen Schritten durchweicht. Grover Snodds Haus, älter als das von Tim, mit einem Walmdach, lugte hinter einem großen Ahornbaum hervor, um ihn zu grüßen. Als er noch jünger war, hatte Tim sich das Haus als menschliches Wesen vorgestellt und ihm jedesmal hallo gesagt, so als würde es sich extra seinetwegen hinter dem Ahorn hervorbeugen, eine kleine Aufmerksamkeit unter Freunden. Er war noch immer nicht soweit, daß er völlig damit aufhören konnte; es wäre grausam gewesen, nicht mehr an das Haus zu glauben. Also sagte er: «Hallo, Haus»,wie immer. Das Haus hatte ein richtiges Gesicht auf der Giebelseite, ein freundliches altes Gesicht mit Fenstern als Augen und Nase, ein Gesicht, das immer zu lächeln schien. Tim lief daran vorbei, für einen kurzen Augenblick nur noch ein Schatten, zwergenhaft vor dem aufragenden, gütigen Gesicht. Es regnete in Strömen. Er schlitterte um die Ecke und weiter zu einem anderen Ahorn, an dessen Stamm Bretterstücke genagelt waren. Hinauf, mit einem Ausrutscher, und raus auf einen langen Ast zu Grovers Fenster. Von innen waren pfeifende elektronische Geräusche zu hören. «Grovie», rief Tim und klopfte an die Scheibe. «Hey.»

Grover öffnete das Fenster und verkündete Tim, daß er eine beklagenswerte Neigung zur Saumseligkeit habe.

«Wha?» sagte Tim.

«Ich habe gerade einen Jungen aus New York gehört»,

erzählte Grover, während Tim ins Zimmer kletterte. «Irgendwas muß heute mit dem Himmel los sein – weißt ja, sonst krieg ich kaum Springfield richtig rein.» Grover war Amateurfunker. Er baute sich seine Sender und Empfänger und die Meßgeräte selbst zusammen. Nicht nur der Himmel, sondern auch das Bergland hier ließ den Empfang oft unberechenbar werden. In gewissen Nächten, wenn Tim bei Grover blieb, füllte sich das Zimmer, je später es wurde, mit körperlosen Stimmen von weither, manchmal sogar von der See. Grover hörte ihnen gerne zu, aber er sendete selten selbst. An der Wand hatte er Straßenkarten aufgehängt, auf denen er jede neue Stimme eintrug und die Frequenz notierte. Tim hatte ihn niemals schlafen sehen. Er war immer noch auf, egal, wann Tim bei ihm ankam, fummelte an Reglern herum und hielt sich ein Paar riesiger Kopfhörer aus Gummi an die Ohren gepreßt. Es gab auch einen Lautsprecher, der manchmal mitlief. Dann hörte Tim, hin und her driftend zwischen Wachen und Traum, Polizisten, die zu Unfallstellen gerufen wurden oder zur Aufklärung von verdächtigen Schatten und Geräuschen, die sich rührten, wo alles still sein sollte; Taxifahrer auf dem Weg zum Nachtzug, die sich mit der Zentrale über ihren Thermoskaffee kabbelten oder bärtige Witze rissen; die Hälfte einer Schachpartie oder Schlepper jenseits der Dutch Hills, die einen Schleppzug voll Kies den Hudson hinunterzogen; Straßenarbeiter, die im Herbst oder Winter noch spät abends Schneezäune aufstellten oder mit dem Pflug ausrückten, oder hin und wieder auch ein Handelsschiff auf See, wenn dieses Ding am Himmel, die Heaviside-Schicht, dafür richtig lag – all das sank auf ihn nieder, filterte durch seine Träume und bevölkerte sie, so daß er am Morgen niemals wußte, was wirklich gewesen war und was er halluziniert hatte. Auch Grover war ihm dabei nicht die geringste Hilfe. Noch im Aufwachen, halb noch in seinen Träumen, fragte Tim ihn etwa: «Grovie, was ist mit dem entlaufenen Waschbär, hat ihn die Polizei gefunden?» oder: «Der kanadische Holzfäller in seinem Hausboot auf dem Fluß, was war mit dem?» Und Grover antwortete dann jedesmal: «Ich kann mich nicht erinnern.» Wenn Etienne Cherdlu auch über Nacht geblieben war, erinnerte er sich bestimmt an ganz andere Dinge als Tim: an Gesang oder an Privatdetektive, die sich bei irgendeinem Hauptquartier meldeten, oder an erbitterte Streitgespräche, halb auf italienisch, über Profi-Football ...

Etienne sollte heute auch da sein. Es war eine der regelmäßigen Lagebesprechungen am Samstagmorgen. Wahrscheinlich hatte ihn sein Vater wieder bis spät abends auf dem Schrottplatz arbeiten lassen. Es war ein sehr fetter Junge, der seinen Namen als «8ON» schrieb, und zwar meistens auf Telegraphenmasten, mit einem «Ha, ha» dahinter und der gelben Kreide, die er den Straßenarbeitern klaute. Wie Tim und Grover und Carl spielte auch Etienne gern Streiche, nur war es bei ihm schon eine Besessenheit. Grover war ein Genie, Tim wollte irgendwann mal Basketballtrainer werden, Carl konnte es zum Star in einem seiner Teams bringen, aber Etienne mochte sich keinen anderen Beruf vorstellen als den eines Streichespielers. «Du bist verrückt», riefen die anderen, «als Beruf? Du meinst, du wirst Komiker beim Fernsehen oder so was?» Dann legte dir Etienne einen Arm um die Schulter (und wenn du gewitzt warst, wußtest du, daß er das nicht aus Freundschaft tat, sondern um dir einen Zettel auf den Rücken zu kleben, auf dem MEINE MUTTER TRÄGT KAMPFSTIEFEL stand, oder HIER TRETEN, mit einem Pfeil) und erklärte: «Mein Vater sagt, wenn wir groß sind, machen alles die Maschinen. Er sagt, Arbeit gibt's dann nur noch auf den Schrottplätzen, wo die kaputten Maschinen sind. Und das einzige, was eine Maschine *nicht* kann, ist Streiche spielen. Nur dafür werden dann noch Menschen gebraucht, für Streiche.»

Vielleicht hatten die Jungs recht: vielleicht war er ein bißchen verrückt. Er ging Risiken ein wie kein anderer, ließ bei Polizeiautos die Luft aus den Reifen, zog sich einen Taucheranzug an, um Schlick im Bach der Papiermühle aufzurühren (was einmal zu einem einwöchigen Produktionsstop geführt hatte), hinterließ alberne und fast schon nichtssagende, mit «Das Phantom» unterzeichnete Botschaften auf dem Schreibtisch der Direktorin, wenn sie zum Unterricht in der Achten war – so 'ne Art Sachen. Er haßte die Institutionen. Seine Erzfeinde, ständige Zielscheiben seiner Streiche, waren die Schule, die Eisenbahn und der Elternbeirat. Um sich hatte er eine Gefolgschaft von Unzufriedenen geschart, die von der Direktorin, wenn sie sie anbrüllte, nur als «pädagogisch untragbar» bezeichnet wurden, was keiner von ihnen verstand und was sich auch Grover zu erklären weigerte, weil es ihn wütend machte, so als nannte man jemanden Spaghettifresser oder Nigger. Zu Etiennes Freunden zählten die Mostly-Brüder, Arnold und Kermit, die Bastelleim schnüffelten und Mausefallen aus dem Laden klauten, die sie zum Spaßvergnügen spannten und einander auf einem großen, freien Feld an den Kopf schmissen; Kim Dufay, eine schlanke, exotisch wirkende Sechstkläßlerin mit einem blonden, bis zur Taille reichenden und am Ende meist von Tauchgängen im Tintenfaß blau gefärbten Zopf, die sich für jede Art von Explosivchemie begeistern konnte und für die Auffüllung des Natriumvorrats im Versteck zu sorgen hatte, indem sie das Zeug aus dem Labor der High School von Mingeborough rausschmuggelte, mitwisserisch unterstützt von ihrem Boyfriend Gaylord, einem vernarrten Erstsemester und Kugelstoßer, dem sie blutjung am liebsten waren;

Hogan Slothrop, der Sohn des Doktors, der mit acht Jahren zum ernsthaften nächtlichen Biertrinker geworden und mit neun zur Religion übergetreten war, worauf er dem Bier abschwor und sich den Anonymen Alkoholikern anschloß, ein Schritt, dem sein als permissiv bekannter Vater seinen Segen gab und den auch die örtliche AA-Gruppe tolerierte, weil sie sich von einem Kind eine inspirierende Wirkung versprachen; Nunzi Passarella, der seine Laufbahn in der zweiten Klasse begonnen hatte, als es ihm irgendwie gelungen war, eine ausgewachsene Sau zur Bring-was-mit-Stunde im Sachkundeunterricht anzuschleppen, ein fünf Zentner schweres, schwarzweiß geflecktes Hausschwein im Schulbus und alles, und der später einen Crazy-Sue-Dunham-Kult zu Ehren jener legendären und schönen Herumtreiberin begründete, die im vergangenen Jahrhundert dieses ganze Hügelland unsicher gemacht und Babies vertauscht und Feuer gelegt hatte und damit, mehr oder minder, zur Schutzpatronin all dieser Kinder geworden war.

«Wo 's Carl?» fragte Tim, nachdem er seinen Kopf an einem von Grovers Sweatshirts abgetrocknet hatte.

«Unten im Keller», sagte Grover, «spielt mit den Nashornfüßen rum.» Die man sich wie Schuhe überziehen konnte und die auch angezogen werden würden, sobald der erste Schnee lag. «Was ist los?»

«Meine Mutter hat» – er brachte es nur schwer heraus, weil man doch seine Mutter nicht verpetzen soll – «Leute belästigt. Schon wieder.»

«Carls Eltern?»

Tim nickte.

Grover runzelte die Stirn. «Meine Mutter auch. Ich hör sie drüber reden, weißt ja» – er deutete mit dem Daumen auf zwei Kopfhörer, die an eine Wanze angeschlossen waren, die er schon seit einem Jahr im Schlafzimmer seiner

Eltern versteckt hatte –, «sie nennen es die ‹Rassenfrage›. Ich hab lange gedacht, es ginge um Vollblüter oder Hunde oder so was.»

«Und sie hat auch dieses Wort wieder benutzt», sagte Tim. Genau in diesem Augenblick kam Carl herein, ohne die Nashornfüße, lächelnd und leise, so als hätte auch er eine Wanze bei Grover gepflanzt und wüßte genau, wovon sie eben gesprochen hatten.

«Willst du mal reinhören?» sagte Grover und deutete mit einem Nicken aufs Funkgerät. «Ich hatte New York für 'ne Minute.»

Carl sagte ja, ging hin, setzte die Hörer auf und begann, am Abstimmknopf zu drehen.

«Da ist Etienne», sagte Tim. Der fette Junge schwebte vor dem Fenster wie ein glitschiger Ballon. Er hatte Schmiere im Gesicht und die Augen nach innen gerollt. Sie ließen ihn rein. «Ich hab was mit, da bleibt kein Auge trocken», sagte Etienne.

«Was denn?» sagte Tim, der noch an seine Mutter dachte und nicht ganz da war.

«Das», sagte Etienne und warf ihm eine Papiertüte voller Regenwasser zu, die er unter seinem Hemd versteckt hatte. Tim ging auf ihn los, und sie rangelten auf dem Boden, während Grover kreischte, sie sollten auf die Funkgeräte achten und Carl seine Füße anzog und lachte, sobald sie in seine Nähe gerollt kamen. Als sie fertig waren, nahm Carl die Kopfhörer ab und knipste den Netzschalter aus, und Grovie setzte sich im Schneidersitz aufs Bett, was bedeutete, daß die Sitzung der Inneren Junta eröffnet war.

«Zuerst die aktuelle Lage, schlag ich vor», sagte Grover. «Was hast du diese Woche zu bieten, Etienne?» Er hatte wieder dieses Klemmbrett mit dem Notizblock vor sich und ließ die Klemme rhythmisch schnappen, wann immer er angestrengt nachdachte.

Etienne zog ein paar Zettel heraus, die er in die hintere Hosentasche gestopft hatte, und las vor: «Eisenbahn. Eine neue Laterne, zwei Signalpatronen für das Arsen.»

«Arsenal», murmelte Grover und schrieb auf seinem Brett.

«Mein ich doch. Ich und Kermie waren wieder zum Autozählen draußen, an den Punkten Foxtrott und Quebec. Foxtrott brachte siebzehn Personenwagen, drei Laster zwischen vier Uhr dreißig und –»

«Die Zahlen nehm ich später auf», sagte Grover. «Worauf es ankommt, ist: können wir auf dem Streckenstück im Einschnitt was machen, oder kommen oben auf der Straße zu viele Autos vorbei, hm?»

«Oh», sagte Etienne. «Na ja, der Verkehr war schon ziemlich dicht, Grovie.» Er schob seine Zähne vor und machte Schlitzaugen zu Carl und Tim, die lachen mußten.

«Kannst du nicht später noch mal raus?» fragte Grover irritiert. «Später am Abend, so etwa um neun?»

«Weiß nicht», sagte Etienne. «Ich müßte mich wegschleichen und –»

«Gut, dann schleich dich weg», sagte Grover. «Wir brauchen auch noch Zahlen für die Nacht.»

«Aber er – er macht sich Sorgen um mich», sagte Etienne. «Ehrlich.»

Grover starrte düster auf sein Klemmbrett, ließ die Klemme ein paarmal schnappen und sagte: «Gut, und wie steht's mit der Schule? Irgendwas Neues dort?»

«Ich hab noch ein paar Kleine rekrutiert», sagte Etienne, «Erstkläßler. Die werden ständig angebrüllt. Die schmeißen mit Kreide. Die schmeißen mit allem. Einer von ihnen hat einen wirklich guten Wurfarm, Grovie. Wir müßten sie ein bißchen auf das Natrium trainieren. Das könnte ein Problem sein.»

Grover blickte auf. «Problem?»

«Sie könnten versuchen, es zu essen oder so was. Einer von ihnen» – er kicherte – «kaut Kreide. Er sagt, sie schmeckt ihm.»

«Tscha», sagte Grover, «halt nur die Augen offen. Wir brauchen wen, Etienne. Es ist ein ganz entscheidender Punkt. Wir *müssen* das Knabenklo einfach in die Luft jagen. Es kommt uns auf die Symmetrie an.»

«Sympathie?» sagte Tim, kniff die Augen zusammen und zog die Nase kraus. «Für wen brauchen wir denn Sympathie, Grovie?»

Grover erklärte ihm das Wort. Skizzierte einen groben Umriß des Schulgebäudes mit Kreide auf die grüne Tafel in seinem Zimmer. «Symmetrie und Timing», kreischte er, «Koordination.»

«Das steht in meinem Zeugnis», sagte Etienne, «dieses Wort.»

«Stimmt», sagte Grover. «Es bedeutet, daß deine Arme und Beine und der Kopf alle zusammenarbeiten beim Turnen, und bei einer Bande wie unserer muß es genauso sein, wenn diese Sache klappen soll, wie bei den Teilen deines Körpers», aber sie hörten ihm schon nicht mehr zu. Etienne zog seinen Mund in die Breite, Tim und Carl knufften sich gegenseitig in den Arm. Grover ließ seine Klemme ganz laut schnappen, und sie hörten mit dem Unfug auf. «Sonst noch was, Etienne?»

«Das war alles. Ach so, der Elternbeirat am Dienstag. Ich glaube, ich werde wieder Hogan schicken.»

«Du weißt doch noch», sagte Grover mühsam, «wie er sich das letzte Mal angestellt hat.» Er hatte ursprünglich gedacht, daß Hogan den besseren Maulwurf für die Sitzungen des Elternbeirats abgeben müßte, weil er mit seinen Erfahrungen bei den Anonymen Alkoholikern am meisten von den Sitzungsriten der Erwachsenen verstand. Das war auch so eine Fehlkalkulation gewesen. Grover ärgerte sich eine ganze Woche lang, daß er die Dinge derart falsch einschätzen konnte. Hogan hatte nämlich, anstatt nur still und unsichtbar in einer Ecke zu sitzen und sich Notizen zu machen, die Flucht an die Rampe angetreten. «Na und», sagte Hogan, «ich fand da einfach nichts dabei, meine Hand zu heben und zu sagen: ‹Ich heiße Hogan Slothrop und ich bin Schüler›, und ihnen dann mal zu erzählen, was das eigentlich bedeutet.»

«Das wollen die gar nicht wissen», sagte Grover.

«Meine Mutter schon», sagte Hogan. «Sie fragt mich jeden Tag, was ich in der Schule gemacht habe, und ich sag's ihr.»

«Sie hört nicht zu», sagte Grover. Jedenfalls hatten sie Hogan Slothrop etwa zu dem Zeitpunkt aus der Beiratssitzung rausgeworfen, als er zum Podium losspurtete, um zu probieren, ob sie ihn die Zwölf Schritte der Anonymen Alkoholiker aufsagen lassen würden. Buchstäblich geworfen – er war nicht schwer, und man konnte ihn leicht heben.

«Wa-rum?» heulte Grover.

«Es gibt Sitzungen», versuchte Hogan zu erklären, «und Sitzungen. Beim Elternbeirat ist alles ganz anders. Sie haben diese TOPs oder wie das heißt, und alle sind viel, viel ...»

«Förmlicher», schlug Grover vor. «Offizieller.»

«Als wenn sie irgendein Spiel spielten, ein neues, von dem ich noch nie gehört habe», sagte Hogan. «Bei den AA reden wir einfach.»

Zur nächsten Elternbeiratssitzung malte sich Kim Dufay die Lippen an, drehte ihr Haar zu einem französischen Knoten hoch und schmiß sich in ihre erwachsensten Kleider und einen gepolsterten BH der Größe 28A, den sie ihrer Mutter bei einem Einkaufsbummel abgeschwatzt hatte, und ging hin und kam anstandslos durch. So war sie der neue Maulwurf geworden.

«Und nun», faßte Etienne zusammen, «ist Hogan sauer, weil er durch ein Mädchen ersetzt worden ist».

«Ich mag Hogan», sagte Grover, «versteht mich nicht falsch, Freunde. Aber ob er in einer komplex strukturierten Situation funktionieren kann, das ist die Fra –»

«Wha?» sagten Tim und Carl wie aus einem Mund. Es war ein Trick, den sie gemeinsam erarbeitet hatten und der niemals seine Wirkung verfehlte, Grover aus dem Konzept zu bringen. Grover zuckte mit den Schultern, räumte ein, daß da ein Problem der Mannschaftsmoral bestehen könnte, und gab Etienne schließlich sein Okay, es Hogan noch mal versuchen zu lassen. Als nächster war Tim mit seinem Lagebericht dran. Er war für die Finanzen und den Drill zuständig. Im Augenblick waren alle mit dem bevorstehenden, alljährlichen Manöver beschäftigt. Der Deckname dafür war «Unternehmen Spartacus», was Grover dem gleichnamigen Film entlehnt hatte, den zu sehen er einmal bis nach Stockbridge rübergefahren war, um so beeindruckt zurückzukommen, daß er noch einen Monat lang an keinem Spiegel vorbeigehen konnte, ohne ein Kirk-Douglas-Gesicht zu machen. Es würde das dritte Jahr für Spartacus sein, der dritte Probelauf vor dem wirklichen Aufstand der Sklaven, von dem nur als von der «Operation A» gesprochen wurde. «Wofür steht dieses ‹A›?» hatte Tim einmal gefragt. «Acheron», antwortete Grover mit einem komischen Gesichtsausdruck. «Apokalypse.» – «Angeber», sagte Tim und vergaß das Ganze. Man brauchte nicht jede Abkürzung zu kennen, um die Kinder drillen zu können.

«Wie läuft's bei dir, Tim?» fragte Grover.

Tim war nicht übermäßig begeistert. «Ohne anständige Attrappen, Grovie, ist es einfach nicht viel wert.»

«Jetzt nur für die anderen, zur Erinnerung, Tim», sagte Grover und kritzelte auf seinen Block, «wir machen's mehr oder weniger so wie letztes Jahr, stimmt's?»

«Stimmt. Wir nehmen wieder Fazzos Feld und markieren es» – er deutete auf die Skizze an der Tafel – «im Maßstab eins zu eins. Aber dieses Jahr verwenden wir die kleinen Stangen mit den roten Fähnchen, die Etienne vom Straßenbautrupp hat, und nicht mehr den Kalk.» Im vergangenen Jahr hatten zu viele von den Kleinen ganz prima mitgezogen, bis sie auf diese weiße Umrißlinie des Schulgebäudes gestoßen waren, wo sie wie angewurzelt stehenblieben und den Kalk mit ihren Schuhen im Gras zu verreiben begannen. In der Manöverkritik hatte Grover später die Theorie vertreten, daß der weiße Strich im Gras die Kleinen an die Kreidestriche auf der grünen Schultafel erinnert haben mußte. Außerdem gab es mit dem Kalk die Schwierigkeit, die Spuren wieder zu verwischen, sobald Spartacus vorbei war. Dagegen Stangen, die konnte man einfach rausziehen. Die Stangen waren besser.

«Aber nicht», sagte Tim, «immer noch nicht so gut wie echte Wände. Und wenn sie nur aus Faserplatten wären. Über einen Strich laufen und sich einbilden, da ist 'ne Tür, ist eine Sache. Aber man braucht die Tür selbst. Man braucht echte Treppen und echte Klos, um das Natrium reinzuschmeißen, versteht ihr?»

«Vor zwei Jahren hast du noch nicht so gedacht», meinte Grover.

Tim zuckte die Achseln. «Es ist einfach nicht mehr so echt. Für mich jedenfalls. Woher wollen wir wissen, wenn die Stunde Null da ist, daß es alle genau so machen werden? Vor allem die Kleinis?»

«Wir wissen's halt nicht», sagte Grover. «Wir können es uns nicht leisten, Attrappen aufzustellen, die wirklich etwas taugen.»

«Wir haben etwa fünfundzwanzig Dollar», sagte Tim. «Sie fangen jetzt tatsächlich an, ihr Milchgeld abzuliefern, sogar manche, die, na ja, die gar nicht dran sind ...»

Grover warf ihm einen spitzen Blick zu. «Hast du sie etwa unter Druck gesetzt, Tim? Das kann ich nicht brauchen.»

«Nein, Grovie, ich schwöre, sie tun's von sich aus. Sie sagen – ein paar jedenfalls –, daß sie an uns *glauben*. Und einige mögen sowieso keine Milch, denen macht es nichts aus, uns das Geld zu geben.»

«Paß bloß auf, daß sie nicht zu überschwenglich werden», sagte Grover. «Sonst kommen uns die Lehrer drauf. Die Idee ist, jeden Tag etwa gleich viel Milchbestellungen aufzugeben und unter den Bestellern zu rotieren, ganz langsam und unauffällig. Die tägliche Einnahme mag gering sein, aber sie ist regelmäßig. Sobald du diese plötzlichen Fluktuationen hast, wenn dir alle ihre Nickels auf einmal geben, werden sie nur mißtrauisch. Immer sachte also. Was macht die andere Einnahmequelle? Was ist mit unserm Hehler in Pittsfield?»

«Der will jetzt Möbel», sagte Tim. «Das ist ein Problem. Wir könnten schon Möbel beschaffen, aus der Velours-Villa, aus dem Rosenzweig-Landsitz und noch aus zwei, drei anderen. Aber wie bringen wir sie nach Pittsfield? Es geht nicht. Und außerdem nimmt er keine R-Gespräche mehr an.»

«Mist», sagte Grover, «dann können wir ihn ebensogut auch abschreiben. Was ich immer sage! Du kannst ihnen nicht trauen. Irgendwann kommen sie dir dumm, und das bedeutet, daß sie nichts mehr mit dir zu tun haben wollen.»

«U-und was», warf Tim ein, um Grover von einem Monolog abzuhalten, «was ist nun mit den Attrappen?»

«Nichts. Nein», sagte Grover. «Wir brauchen das Geld für andre Dinge.» Tim ließ sich rücklings auf den Teppich plumpsen und starrte an die Decke. «Das war's, Tim? Okay, zu dir, Carl. Wie steht's oben im Neubauviertel?»

Carl war ihr Verbindungsmann für die Northumberland Estates, den neuen Teil von Mingeborough. Mit der alten Stadt würden sie schon klarkommen, wenn es soweit war, aber dieses neue Einkaufszentrum mit dem Supermarkt und dem glitzernden neuen Drugstore, der Halloween-Masken verkaufte, und dem Parkplatz, der immer voller Autos war, selbst spät bei Nacht, machte ihnen Sorgen. Während es gebaut wurde, vorletztes Jahr im Sommer, waren Tim und Etienne abends immer hingegangen und hatten auf den Hügeln von Aushub «König der Berge» gespielt, bis es ganz dunkel war; dann klauten sie Bauholz, ließen die Tanks von Planierraupen und Bulldozern auslaufen und schmissen sogar ein paar Scheiben ein, wenn die Unken und Frösche in Corrodys Sumpf am Fuße des Hügels laut genug quakten. Die Kinder hatten nicht eben viel fürs Neubauviertel übrig, mochten nicht, daß es «Estates» genannt wurde, obwohl jede Parzelle nur fünfzehn mal dreißig Meter groß war, kein Vergleich mit den echten Landsitzen aus der Gründerzeit, die die alte Stadt umgaben wie die Geschöpfe deines Traums bei Nacht dein Bett, erhaben und verborgen, aber immer gegenwärtig. Wie Grovers Haus hatten auch die großen Villen der Landsitze ihre Gesichter, wenn auch ohne die schlichte Ehrlichkeit eines Walmdachs: Statt dessen gab es geheimnisvolle tiefe Augen, gerahmt in schnörkeligen Firlefanz und Masken aus Schmiedeeisen, tätowierte Wangen aus geblümten Fliesen, breite Gittermünder mit Zahnreihen aus toten Zierpalmen, und eines dieser Häuser zu besuchen, war wie eine Rückkehr in den Schlaf, und die Beute, die man mitbrachte, schien niemals ganz wirklich; ob man sie behielt und das Versteck damit möblierte oder sie an einen Hehler wie diesen Antiquitätenladen in Pittsfield verkaufte, sie blieb eine Beute des Traums. An den kleinen, eng gepferchten, mehr oder weniger identischen Häusern der Northumberland Estates war dagegen nichts, was einen faszinieren oder heimsuchen konnte, keine Aussicht auf Beute, die mehr gewesen wäre als der Alltagskram der wachen Tageswelt, den zu klauen einem die Polypen auf den Hals zog; keine kleinen Freistätten, keine Chancen auf verborgenes Leben und Besuche aus der anderen Welt; keine Bäume, heimliche Wege, Abkürzungen, unterirdische Kanäle, Dickichte, die man in der Mitte aushöhlen konnte – alles dort lag offen zutage, alles war mit einem Blick zu überschauen; und dahinter, darunter, um die Ekken der Häuser herum und die verkehrssicheren sanften Kurven der Straßen hinab kam man stets zurück zum Ausgangspunkt, zu nichts; nichts als der freudlosen Erde. Carl war eins der wenigen Kinder aus dem Neubaugebiet, mit dem die Kinder aus dem alten Teil der Stadt klarkamen. Es war sein Job, dort Unterstützung aufzutreiben, neue Anhänger zu bekehren und die möglichen strategischen Bedeutungen von Straßenkreuzungen, Geschäften und dergleichen auszuspähen. Es war kein Job, um den die andern ihn beneideten.

«Da waren diese Telefonanrufe», erwähnte Carl, nachdem er zusammengefaßt hatte, wie die Woche bei ihm gelaufen war. «Lauter Witzbolde.» Er erzählte einiges von dem, was sie gesagt hatten.

«Witzbolde?» sagte Etienne. «Was soll dran komisch sein? Jemanden anrufen und ihn beleidigen, das ist kein guter Streich. Es macht doch überhaupt keinen Sinn.»

«Was hältst du davon, Carl», wollte Grover wissen. «Glaubst du, sie haben Verdacht geschöpft? Glaubst du, sie ahnen, was wir vorhaben?»

Carl lächelte, und so wußten sie, was er sagen würde. «Nein, keine Gefahr. Da ist noch keine Gefahr.»

«Warum dann aber diese Anrufe?» sagte Grover. «Wenn es nicht wegen der Operation A ist, warum dann?»

Carl zuckte mit den Schultern und saß da und sah sie an, als ob er den Grund wüßte, als ob er alles wüßte, Geheimnisse, von denen keiner der anderen auch nur einen Schimmer hatte. Als ob es doch noch ein vergrabenes Herz, irgendein unterirdisches Gewölbe voller Rätsel für die Northumberland Estates gäbe, das ihnen bis jetzt entgangen war und von dem ihnen Carl eines Tages erzählen würde, als Belohnung für das Aushecken raffinierterer Pläne, für mehr Tapferkeit vor den Eltern oder Gerissenheit in der Schule oder weil sie irgend etwas besser gemacht hatten, an das sie jetzt noch gar nicht dachten, das ihnen erst Carl aufschließen würde, wenn er selbst soweit war, ihnen verraten würde durch Andeutungen und komische Geschichten und Abschweifungen, die nur willkürlich schienen ...

«Ende der Sitzung», verkündete Grover. «Gehn wir rüber zum Versteck.»

Der Regen hatte sich in eine Art Sprühnebel verflüchtigt. Die vier kletterten über den Baum nach unten und liefen aus Grovers Hof auf die Straße, zur nächsten Ecke, in und durch eine Wiese, auf der das liegengebliebene Heu längst plattgeregnet war. Unterwegs gabelten sie einen fetten Dachshund namens Pierre auf, der an sonnigen Tagen mitten auf der Staatsstraße lag, die für die kurze Strecke der Durchquerung Mingeboroughs zur Chickadee Street wurde, und pennte. Regen aber verwandelte ihn völlig, ließ ihn lebendig werden. Er tollte um sie herum wie ein ganz junger Hund, kläffte und versuchte, jedenfalls sah es so aus, mit der Zunge Regentropfen einzufangen.

Die Sonne würde heute abend untergehen, ohne daß es jemand merkte – von der Art war die Öde dieses Nachmittags. Man sah keinen einzigen der Berge, weil die Wolken zu tief hingen. Tim, Grover, Etienne, Carl und Pierre huschten über die Wiese wie Schatten, weiter auf einem

Feldweg, in dessen Radspuren das Wasser stand. Er schlängelte sich einen kleinen Abhang hinunter in König Yrjös Wald, benannt nach einem europäischen Thronbewerber, der um die Mitte der dreißiger Jahre vor der Finsternis, die sich damals auf Europa und seinen eigenen, kaum noch realen Schattenstaat legte, hierher geflohen war und diesen ganzen Besitz, so gingen die Gerüchte, für einen Eimer voll Juwelen eingetauscht hatte. Warum es unbedingt ein Eimer voll sein mußte, bekam man nie erklärt: immerhin schien das eine reichlich unpraktische Methode, Juwelen herumzutragen. Außerdem sollten da noch drei (manche sagten: vier) Ehefrauen gewesen sein, eine offizielle und der Rest zur linken Hand, sowie ein wütend ergebener Adjutant und Kavallerieoffizier von mehr als zwei Metern Größe, mit Vollbart, gespornten Stiefeln, goldenen Epauletten und einer Schrotflinte, die er immer bei sich hatte und ohne Zögern auf jedermann und vor allem auf jedes Kind anlegte, das er auf dem Grundstück erwischte. Er war es, der auf diesem Gelände umging. Er lebte immer noch hier, obwohl sein König längst verschwunden war – zumindest glaubte das jeder, obwohl ihn niemand je von Angesicht zu Angesicht gesehen hatte, man hörte immer nur die Tritte seiner schweren Stiefel im welken Laub, wenn er dich zwischen den Baumstümpfen und Dickichten verfolgte und du in heller Panik davonranntest. Aber man entwischte ihm immer. Dieses königliche Exil, das spürten die Kinder, war etwas, worüber ihre Eltern Bescheid wußten, das aber von ihnen erfolgreich ferngehalten wurde: Da hatte es diese Finsternis gegeben, ja, und allgemeine Flucht und einen großen Krieg – das alles ohne Namen und Daten, zusammengesetzt aus zufällig belauschten Gesprächsfetzen der Eltern, Dokumentarfilmen im Fernsehen, dem Gemeinschaftskundeunterricht, wenn man gerade mal aufgepaßt hatte, oder den

Comic-Heften mit den Heldentaten der Marines, aber nichts davon war wirklich scharf und eindeutig; alles war in einer Art von Code, im Zwielicht, für immer unerklärt. König Yrjös Landsitz war die einzige greifbare Verbindung, die die Kinder zu diesem wie auch immer gearteten großen Umbruch hatten, der da passiert war, und es half ihnen, daß der Hausmeister, der Verfolger, ein Soldat gewesen war.

Dennoch hatte er die Innere Junta niemals behelligt. Vor Jahren war ihnen irgendwie klargeworden, ihnen allein, daß er das auch nie tun würde. Seitdem hatten sie sich überall im Haus und auf dem Grundstück umgesehen und nirgends eindeutige Spuren von ihm entdeckt, wenn auch eine Menge von mehrdeutigen. Was seine Existenz nicht widerlegte, aber doch bedeutete, daß sie den idealen Ort für ein Versteck gefunden hatten. So war der riesige Kavallerist, ob wirklich oder eingebildet, zu ihrem Beschützer geworden.

Der Feldweg führte durch ein Kieferngehölz, in dessen Ästen hoch oben Rebhühner herumschwirrten. Wasser tropfte, die Schuhe quietschten im Schlamm. Auf die Bäume folgte ein Hang, den einst glatter Rasen bedeckt hatte, glatt wie der Rücken einer Woge auf dem Meer, der aber nun voll Unkraut, Kaninchenbauten, wildem Roggen war. Tims Vater erzählte, daß vor vielen Jahren Pfauen den Hang herab über die große Wiese gelaufen kamen, sobald ein Wagen auf dem Wegstück erschien, um ihre leuchtenden Räder zu schlagen. «Au ja», sagte Tim, «genau wie im Fernsehen, wenn ein Programm in Farbe kommt. Wann kriegen wir einen Farbfernseher, Dad?»

«Schwarzweiß ist gut genug», hatte sein Vater geantwortet, und dabei war's geblieben. Tim hatte auch Carl einmal gefragt, ob er einen farbigen TV zu Hause hätte. «Warum sollte ich?» sagte Carl, und gleich darauf: «Ach so! Darum!» Und er brach in Lachen aus. Tim wußte so gut wie Etienne, der Profi-Komiker, wann ein Zuhörer die Pointe erraten hatte, also sagte er nichts mehr. Aber er fragte sich, warum Carl so heftig lachte. Es war gar nicht so komisch und hatte sogar eine eigene Logik. Er stellte sich Carl nicht nur als «farbig», sondern als irgendwie tiefer mit *aller* Farbe verbunden vor. Wenn Tim an Carl dachte, sah er ihn immer vor den flammenden Rot- und Ockertönen dieses Frühherbstes, vor einem Monat erst, als Carl gerade nach Mingeborough gekommen war und sie sich noch miteinander anfreundeten, und er dachte, daß Carl auf irgendeine Weise einen ewigen Berkshire-Herbst mit sich herumtragen mußte, eine Wunderwelt der Farben. Selbst in das Grau dieses Nachmittags und dieser Region, die sie betreten hatten (und die betrogen schien um ihr gerechtes Maß an Licht, weil sie zum Teil der Vergangenheit gehörte), brachte Carl neue Leuchtkraft, eine Aufhellung, einen Ausgleich für was immer diesem Licht auch fehlen mochte.

Sie verließen den Weg und tauchten durch Azaleenbüsche hinunter zum Ufer eines Zierkanals, Teil eines Systems von Inseln und Wasserwegen, das gegen Ende des vergangenen Jahrhunderts als eine Art von Spielzeug- oder Miniaturvenedig für den ursprünglichen Erbauer dieses Landsitzes, den New Yorker Naschwerkmagnaten Ellsworth Baffy, angelegt worden war. Wie so viele, die ihre Schlösser in diesem Hügelland hochziehen ließen, war er ein Zeitgenosse von Jay Gould und dessen Partner, dem fröhlichen Berkshire-Hausierer Jubilee Jim Fisk. Einmal hatte Baffy, etwa um diese Jahreszeit, ein Maskenfest zu Ehren des Präsidentschaftskandidaten James G. Blaine gegeben, dem Blaine jedoch nicht beiwohnen konnte, weil es stürmte und ein paar Zugfahrpläne durcheinander geraten waren. Niemand vermißte ihn. Der gesamte Geldadel von

Berkshire County versammelte sich im großen Ballsaal des Baffyschen Zuckerwattenherrensitzes; die Party dauerte drei Tage und überzog die Landschaft mit den betrunkenen Wanderungen von blaßgesichtigen Pierrots im Mondlicht; grausigen Gorillas, die Krüge voll des lokalen Schwarzgebrannten schleppten; üppigen und kirschmundigen Schauspielerinnen in Seidencapes, roten Korsetts und Netzstrümpfen, die aus New York hergekarrt worden waren; Indianern in voller Kriegsbemalung; Renaissancefürsten und Dickens-Figuren; aufgetakelten Pfingstochsen, Bären mit Blumensträußen, allegorisch bekränzten Mädchen namens Freies Unternehmertum, Fortschritt und Aufklärung sowie eines gigantischen Maine-Hummers, der nie dazu kam, seine Klauen nach dem Kandidaten auszustrecken. Es schneite, und am letzten Morgen des Festes wurde ein hübsches, als Kolumbine verkleidetes Ballettmädchen halbtot in einem Steinbruch aufgefunden; die Zehen eines Fußes waren so schlimm erfroren, daß sie amputiert werden mußten. Sie tanzte niemals wieder, und im November verlor Blaine seine Wahl und wurde auch vergessen. Nach Baffys Tod wurde der Landsitz von einem aufs Altenteil retirierten Zugräuber aus Kansas erworben und 1932 an eine Hotelkette verschleudert, die sich eine Renovierung nicht leisten konnte und schließlich entschied, daß König Yrjös Eimer voll Juwelen immer noch besser war, als einem vergammelten Xanadu Grundsteuern nachzuschmeißen. Und nun war auch der König nicht mehr da, und das Haus stand wieder leer, abgesehen von der Junta und vielleicht einem denkbaren Kavallerieoffizier.

Verborgen im Schilf lag ein flachkieliges Boot, das sie gefunden, wieder zusammengeflickt und auf den Namen *S. M. S. Leck* getauft hatten. Sie schlängelten sich an Bord, Tim und Etienne bemannten die Ruder, Pierre setzte sich mit erhobenen Pfoten an den Bug wie eine Galionsfigur. Kanalabwärts hüpfte ein Frosch ins dunkle Wasser, das von den auftreffenden Regentropfen punktiert wurde. Mit leisem Plätschern ruderten sie los, unter pseudovenezianischen Brücken hindurch, denen oft die Bodenbretter fehlten, so daß man beim Hochschauen den grauen Himmel durch sie sehen konnte; vorbei an kleinen Landungsstegen, deren ungeteerte Pfosten verrottet und von grünlichem Glibber überzogen waren; an einer offenen Gartenlaube mit durchgerosteten Fliegengittern, die sich beim leisesten Lufthauch regten; an zerbröckelnden Statuen von feigenblätterten Jünglingen und Grazien mit klassischen Profilen, die Füllhörner, Armbrüste, unmögliche Panflöten und Saiteninstrumente, Granatäpfel, Schriftrollen und einander in den Fingern hatten. Bald wurde, über den Wipfeln blattloser Weiden, das Große Haus sichtbar, wuchs in die Höhe, je näher sie kamen – jeder Ruderschlag brachte neue Türmchen, Zinnen und Strebepfeiler ins Blickfeld. Die Dächer und Fassaden waren in einem ziemlich lausigen Zustand: ein Großteil der Schindelverkleidung fehlte, die Farbe war abgeblättert, Dachziegel lagen in Scherbenhaufen dort, wo sie heruntergefallen waren. Die Fenster waren zum größten Teil eingeschlagen, Opfer jahrelanger Plünderung durch aufgeregte Kinder, die sich ihren Mut vor dem Kavalleristen und dem Schrotgewehr beweisen mußten. Und überall war der Geruch von altem – achtzig Jahre altem – Holz.

Sie vertäuten das Boot an einem Eisenring, der in eine Art Uferpromenade eingelassen war, stiegen an Land und marschierten um die Ecke zu einem Seiteneingang des Großen Hauses. Egal, wie oft sie nun schon im Versteck gewesen waren – noch immer hatte das Betreten des Gebäudes etwas Zeremonielles an sich, das mehr war als nur die Übertretung eines Verbots: Es kostete Überwindung, den Schritt von draußen nach drinnen zu vollziehen. Im Inneren herrschte ein Druck, ein Geruch, der dem Eindringen Widerstand entgegensetzte und sich in ihrem Bewußtsein gegenwärtig hielt, bis sie wieder draußen waren. Keiner von ihnen wäre so weit gegangen, ihm einen Namen zu geben, aber sie wußten alle, daß er da war. Es gehörte zur Zeremonie, sich gegenseitig anzusehen und verkniffen zu grinsen, dann schoben sie sich in das Zwielicht hinein, das auf sie wartete.

Sie passierten den Raum, den sie betreten hatten, immer eng an die Wände gedrückt, weil mitten vom Plafond ein spinnwebenüberwachsener Kristallüster hing, auf dessen oberen Facetten der Staub zu Stalagmiten getürmt lag, und sie genau wußten, was passieren würde, wenn sie direkt drunter durchgingen. Das Haus war voll von solchen unausgesprochenen Geboten: da gab es lichtlose Winkel, aus welchen man angesprungen werden konnte; Strecken von verzogenem Parkett, das sich plötzlich nach unten in Verliese oder simple Finsternis öffnen mochte, ohne daß man irgendwas zum Festklammern fand; Türen, die nicht hinter einem offen blieben, sondern so austariert waren, daß sie sich selbsttätig schlossen, wenn man sie nicht scharf im Blick behielt. Um solche Orte machte man am besten einen Bogen. Der Weg zum Versteck wurde so zu einem Spießrutenlauf, wie die Einfahrt in einen klippenbewehrten, schwierigen Hafen. Wären sie mehr als vier gewesen, die in das Haus eindrangen, so hätte keinerlei Gefahr bestanden. Sie wären nur eine Meute von Kindern gewesen, die in einem alten Haus herumtobten. Wären sie aber weniger gewesen, hätten sie es nicht einmal über den ersten Raum hinaus geschafft.

Knarzend, oder nachhallend, oder als dunkel gerippte Turnschuhabdrücke in einer dünnen Feuchtigkeitsschicht, führten die Schritte der Junta tiefer in König Yrjös

Haus hinein, vorbei an Pfeilerspiegeln, die ihnen ihr Bild dunkel und verblaßt zurückgaben, als ob ein Teil als Preis für den Durchlaß einbehalten worden wäre; durch Türen mit alten Samtportieren, deren Flor zu landkartenähnlichen Mustern verschlissen war, Meeren und Kontinenten, von denen keiner ihrer Erdkundelehrer wußte; durch die Spülküche, wo sie einen jahrzehntealten Kasten Moxie gefunden hatten, von dem noch neun Flaschen übrig waren, nachdem Kim Dufay eine bei der Taufe der *S. M. S. Leck* an deren Bug zerschlagen hatte und zwei weitere zur Feier der mehr oder weniger erfolgreichen Spartacus-Manöver des Vorjahrs und, kürzlich erst, der Aufnahme Carl Barringtons in die Bande geleert worden waren; dann eine Treppe hinunter, zwischen den leeren Flaschenregalen des Weinkellers in leere Wirtschaftsräume mit leeren Arbeitsbänken und toten Stromverteilern, die im Dunkeln von der Decke baumelten wie beinlose Spinnen; schließlich zum geheimen Zentrum des Hauses, der Kammer hinter dem altmodischen Kohlenkessel, die sie entdeckt und hergerichtet hatten und die von Etienne in einwöchiger Arbeit mit Schreckschüssen gesichert worden war. Hier war's, wo sie sich trafen und ihre Zeitpläne austüftelten; hier war's, wo sie das Natrium in einem Zwanzig-Liter-Kanister unter Petroleum verwahrten; außerdem die Karten mit den markierten Angriffszielen in einem alten Rollschrank, den sie leer vorgefunden hatten; außerdem die Liste mit den Volksfeinden, zu der niemand außer Grover Zugang hatte.

So wurde der Nachmittag dunkler, der Regen kam und ging in Böen, verdichtete sich manchmal zu einem Wolkenbruch, ebbte dann wieder ab zu einem Nieseln, und tief drinnen im Haus, in der kalten und trockenen Kammer, schmiedete die Junta an ihrem Komplott. Das Komplott zog sich schon über drei Jahre hin, und manchmal kam es Tim vor wie einer von diesen Träumen, die man im Fieber hatte – wo man eine Aufgabe gestellt bekam, jemand Wichtigen suchen sollte in einer grenzenlosen, fremden Stadt voller Spuren und Gesichter oder sich durch das endlose, unentwirrbare Labyrinth einer Mathe-Aufgabe kämpfen mußte, bei der jeder Schritt zu einem Dutzend neuer Probleme führte. Nichts schien sich je zu ändern, keines ihrer Ziele wurde erreicht, ohne das Bedürfnis zu hinterlassen, sich neue auszudenken, so daß die alten bald vergessen waren und in einem unbewachten Augenblick in die Hände der Erwachsenen zurück entschlüpfen konnten oder in ein öffentliches Niemandsland und man wieder dort war, wo man angefangen hatte. Was brachte es schon, daß Etienne – um eins der wichtigeren Beispiele zu nennen – im vergangenen Jahr die Papiermühle für fast eine Woche lahmgelegt hatte, indem er ihr Nutzwasser verdreckte? Andere Dinge liefen weiter, als ob nichts gewesen wäre, als ob das Komplott an einem grundsätzlichen Fehler litte, der seine Wirkungen stets aufhob. Hogan Slothrop hätte am selben Abend eine Rauchbombe in die Sitzung des Elternbeirats schmuggeln, die Versammlung ausräuchern und sich mit allen ihren schriftlichen Unterlagen und Finanzberichten aus dem Staub machen sollen, aber dann wurde er plötzlich zu einem anderen AA-Mitglied gerufen, einem durchreisenden Fremden, der sich an die Ortsgruppe gewandt hatte, weil er in Schwierigkeiten steckte und es mit der Angst bekam.

«Wovor hat er denn Angst?» hatte Tim wissen wollen.

Das war vor einem Jahr gewesen, im Frühherbst, kurz nach Beginn des Schuljahrs. Hogan war gleich nach dem Abendbrot zu Tim gekommen, der Himmel war noch hell, obwohl die Sonne schon untergegangen war, und sie hatten im Garten hinterm Haus Korbwürfe geübt. Jedenfalls Tim – Hogan war voll und ganz mit seinem Gewissenskonflikt beschäftigt.

«Er hat Angst, daß er wieder zu trinken anfängt», antwortete Hogan auf Tims Frage. «Ich werde das hier mitnehmen» – er hielt eine Milchtüte hoch –, «wenn er unbedingt trinken muß, kann er sich daran schadlos halten.»

«Rülps», sagte Tim, der nicht viel für Milch übrig hatte.

«Hör mal», sagte Hogan, «über die Milch wächst du nie hinaus. Laß mich was von der Milch erzählen. Wie toll sie ist.»

«Erzähl mir was vom Bier», sagte Tim, der seit kurzem von der Vorstellung fasziniert war, sich zu betrinken.

Hogan war beleidigt. «Mit so was scherzt man nicht», sagte er. «Ich kann von Glück reden, daß ich schon alles hinter mir habe, meint mein Vater. Schau dir diesen Burschen an, zu dem ich gehen soll. Er ist siebenunddreißig Jahre alt. Da siehst du mal, mit welchem Vorsprung ich im Rennen liege.»

«Aber du sollst heute abend diese Rauchbombe legen», sagte Tim.

«Ach, komm schon, Tim, das kannst doch du für mich machen, hm?»

«Ich und Grovie sollten aber Natrium schmeißen», sagte Tim. «Vergessen? Es muß alles zur gleichen Zeit losgehen.»

«Tscha, wenn das so ist, dann sag Grovie eben, daß ich nicht kann», erwiderte Hogan. «Tut mir leid, Tim, aber es geht einfach nicht.» In welchem Augenblick wer sonst als Grover auftauchte. Sie erklärten es ihm so diplomatisch, wie sie nur konnten – was aber, wie üblich, nicht ausreichte, denn Grover ging mit einem Kreischen in die Luft, ließ ein Sortiment von Schimpfwörtern auf die beiden niederregnen und stapfte in die Dunkelheit davon, die so leise und verschlagen von den Bergen heruntergekrochen war, daß sie es nicht bemerkt hatten.

«Sieht aus, als würde nichts aus dem Natriumschmeißen», ließ sich Hogan nach einer Weile vernehmen, «was, Tim?»

«Ja», sagte Tim. So lief es immer. Nichts klappte so, wie es sollte, nichts kam voran. Etienne hatte an diesem Tag umsonst den Froschmann gespielt, für nichts als einen Lacher. Die Papiermühle würde wieder anlaufen, die Leute würden ihre Arbeit wieder aufnehmen, die Unsicherheit und Unzufriedenheit, die Grover brauchte und auf die er aus dunklen, niemandem anvertrauten Gründen gesetzt hatte, würde verschwinden und alles wieder so sein wie zuvor.

«Och Mönsch, Tim», mümmelte Hogan mit der Yogibärstimme, die er immer zum Einsatz brachte, wenn es jemanden aufzuheitern galt, «Mönsch, Tim, fahr einfach mit zu dem Hotel und hilf mir bei der Sitzung mit dem Burschen dort, Mönsch ...»

«Ach, im Hotel ist er», sagte Tim. Hoge sagte ja, der Kerl sei auf der Durchreise, und aus irgendeinem Grund wollte sonst niemand zu ihm hingehen. Nancy, die Sekretärin in der AA-Zentrale, hatte als letzte Hoffnung Hogan angerufen. Als er zustimmte, sagte sie zu irgend jemand anderem im Büro: «er geht», und Hogan hörte im Hintergrund etwas, das wie ein Gelächter mehrerer Leute klang.

Tim holte sein Fahrrad, rief ins Haus, daß er bald zurück wäre, und sie radelten los, den Hügel hinunter durch den sich verdichtenden Abend und im Freilauf hinein in die Stadt. Es war schönes Herbstwetter, genau auf der Grenzlinie der Zeit, wenn einige Bäume einen Frühstart hinlegen und sich schon zu verfärben beginnen und die Insekten täglich lauter werden und man manchmal auf dem morgendlichen Schulweg, wenn der Wind aus Nordwesten kommt, zu den höheren Gipfeln hinübersehen und ein paar einsame Falken ausmachen kann, die nach Süden zu gleiten beginnen, immer den Kämmen der Berge nach. Trotz all der Fehlschläge dieses Tages fand Tim noch immer Genuß daran, sich so auf die gelben Lichtkleckse zutreiben und zwei Seiten Mathe-Hausaufgaben und ein Kapitel Physik, das sie zu lesen hatten, hinter sich zu lassen, ganz zu schweigen von dem lausigen Film, einer romantischen Komödie aus den Vierzigern, der auf dem einzigen Kanal lief, den man hier oben reinbekam. Während Tim und Hogan an Häusern vorbeizischten, deren Fenster und Türen noch offenstanden für die erste Kühle der Nacht, sahen sie in den Augenwinkeln das bläuliche Flimmern von Fernsehschirmen, auf denen überall der gleiche Film lief, und schnappten Fetzen des Dialogs auf: «... Soldat, sind Sie denn jetzt völlig übergesch...»; «... ja, schon, da *war* ein Mädchen in der Heimat ...»; «... (Platschen, komischer Schrei) Oh, Verzeihung, Sir, dachte, Sie wären ein japanischer Spion ...»; «Wie *kann* ich ein japanischer Spion sein, wenn wir fünftausend ...»; «Ich warte auf dich, Bill, ich werde warten bis ...» und weiter vorbei, vorbei an der Feuerwache, vor der ein paar größere Jungen auf der alten LaFrance-Spritze herumsaßen, sich Witze erzählten und rauchten, vorbei am Süßwarenladen, auf den weder Tim noch Hogan heute Lust hatten, und schon kamen die Parkuhren und mehrere Straßen mit Schrägparken, wo man langsamer fahren und auf den Verkehr aufpassen mußte. Als sie beim Hotel ankamen, war die Nacht hereingebrochen, hatte sich auf Mingeborough gelegt wie ein Deckel auf einen Topf, und die Läden begannen zu schließen.

Sie parkten ihre Räder und gingen in die Hotelhalle. Der Nachtportier, der gerade seinen Dienst begonnen hatte, warf ihnen einen schrägen Blick zu: «Anonyme Alkoholiker?» sagte er. «Ihr wollt mich wohl verarschen.»

«Ehrenwort», sagte Hogan und zeigte seine Milchtüte vor. «Rufen Sie ihn an. Mr. McAfee, Zimmer 217.» Der Portier, der einer leeren Nacht entgegensah, wählte den Raum an und sprach mit Mr. McAfee. Als er den Hörer auflegte, zog er ein komisches Gesicht.

«Tja, das hört sich wie ein Nigger an dort oben», teilte er ihnen mit.

«Können wir rauf?» fragte Hogan.

Der Portier zuckte die Achseln. «Er sagt, er erwartet euch. Wenn ihr irgendwelchen Ärger haben solltet, reißt einfach seinen Hörer von der Gabel. Dann summt's hier unten. Man weiß ja nie.»

«Schon klar», sagte Hogan. Sie durchquerten die leere Halle zwischen zwei Reihen von Polstersesseln und betraten den Aufzug. Mr. McAfees Zimmer war im ersten Stock. Auf der Fahrt nach oben sahen sich Tim und Hogan an, sprachen aber kein Wort. Als sie zum Zimmer kamen, mußten sie eine ganze Weile klopfen, bis er öffnete. Er war nicht viel größer als sie. Er war ein Neger mit einem schmalen Oberlippenbart, trug eine graue Strickweste und rauchte.

«Ich hab gedacht, er will mich verladen», sagte Mr. McAfee. «Seid ihr Bürschchen wirklich von den AA?»

«*Er* ist», sagte Tim.

Dann schien etwas mit Mr. McAfees Gesicht zu passieren. «Oh», sagte er. «Ja, das ist ziemlich komisch. Sie sind fast so komisch hier wie in Mississippi unten. Okay, seid ihr mit eurer Nummer fertig? Ihr könnt gehen.»

«Ich dachte, Sie wollten Hilfe», sagte Hogan und sah verblüfft aus.

Mr. McAfee trat zur Seite. «Damit habt ihr verdammt recht. Yeah. Wollt ihr wirklich reinkommen?» Er wirkte, als wäre es ihm gleich. Sie gingen hinein, und Hogan stellte seine Milch auf das kleine Schreibpult in der Ecke. Es war für beide das erste Mal, daß sie in einem Zimmer des Hotels waren oder mit einem Farbigen sprachen.

Mr. McAfee war Schlagbaßspieler, aber er hatte sein Instrument nicht mit. Er war in Lenox drüben bei einem Musikfestival gewesen. Er hatte nicht den leisesten Schimmer, wie er hierher gekommen war.

«Passiert mir manchmal», sagte er. «Ich habe diese Filmrisse. Eben bin ich noch in Lenox. Mach ich die Augen wieder auf, bin ich in – wie heißt dieses Nest hier? – Mingeborough. Ist dir das auch passiert?»

«Nein», sagte Hoge. «Das schlimmste war, daß mir kotzübel wurde.»

«Bist du jetzt runter? Vom Alkohol.»

«Für immer», sagte Hogan. «Für mich gibt's nur noch Milch.»

«Dann bist du jetzt ein Milkoholiker, Mann», sagte Mr. McAfee mit einem müden Grinsen.

«Was soll ich nun eigentlich machen», sagte Hogan, «im einzelnen?»

«Ach, einfach reden», sagte Mr. McAfee. «Oder ich rede. So lange, bis ich einschlafen kann. Oder bis jemand hier sein kann – bis Jill hier sein kann und mich holt.»

«Ist das Ihre Frau?» sagte Tim.

«Das ist die Jill, die über alle Berge will», sagte Mr. McAfee und lachte ein wenig. «Neinnein, im Ernst, so war's wirklich.»

«Wollen Sie darüber reden?» sagte Hogan.

«Nein. Eigentlich nicht.»

Also erzählten Tim und Hogan Mr. McAfee statt dessen etwas von der Schule und von der Stadt und davon, was ihre Eltern in der Arbeit machten. Bald aber, weil sie ihm trauten, begannen sie, auch von den heimlicheren Dingen zu erzählen – von Etiennes Anschlag auf die Papiermühle, vom Versteck und von dem Natriumvorrat.

«Yeah», rief Mr. McAfee, «das Natrium! Ich kann mich genau erinnern. Ich hab mal welches in eine Toilette geworfen – erst die Kette gezogen, wißt ihr, und dann dieses Natrium reingeschmissen; und sobald es mit dem Wasser in Berührung kam: *Rrumms!* Das war in Beaumont, Texas, wo ich aufgewachsen bin. Und dann kommt der Direx in die Klasse, versteinertes Gesicht und in der Hand ein Scherben von der Kloschüssel, etwa so, und sagt: ‹Wer von Ihnen, Gentlemen, ist verantwortlich – für diesen – Frevel?›»

Hogan und Tim kicherten und erzählten, wie Etienne einmal mit einer Schleuder auf einen Baum geklettert war und kleine, erbsengroße Natriumkügelchen während einer Cocktailparty in den Swimmingpool von einem der Landsitze geschossen hatte, und wie die Leute nach den ersten Explosionen auseinandergestoben waren.

«Ziemlich vornehmes Pack, bei dem ihr so rumhängt», sagte Mr. McAfee. «Landsitze und alles.»

«Wir doch nicht», sagte Tim. «Wir schleichen uns nur nachts rein und schwimmen in den Pools. Der oben bei den Lovelaces ist der schönste. Wollen Sie ihn sich mal ansehen? Es ist warm genug.»

«Ja», sagte Hoge. «Wir könnten jetzt hingehen. Kommen Sie doch!»

«Ach wißt ihr», sagte Mr. McAfee. Er wirkte unsicher.

«Warum denn nicht?» sagte Hoge.

«Tcha, ihr solltet eigentlich schon alt genug sein, um zu wissen, warum», sagte Mr. McAfee und geriet allmählich in Zorn. Er blickte sie prüfend an, schüttelte den Kopf und sagte, immer noch wütender: «Ich werde geschnappt, und das war's dann, Baby. So isses nun mal.»

«Da wird nie jemand geschnappt», versuchte Hogan, ihn zu beruhigen.

Mr. McAfee legte sich auf das Bett und starrte an die

Decke. «Wenn die Hautfarbe stimmt, dann wird niemand geschnappt», sagte er leise, aber die Kinder konnten es hören.

«Dann haben Sie doch eine viel bessere Farbe als wir», sagte Tim, «um in der Nacht zu verschwinden. Und Sie sind stärker und schneller. Wenn wir das können, dann können Sie's auch, Mr. McAfee. Bestimmt.»

Mr. McAfee sah zu ihnen herüber. Er zündete sich eine neue Zigarette an dem Stummel an, den er noch rauchte, ohne die beiden einen Moment aus den Augen zu lassen. Es war schwer zu sagen, was er dachte. «Vielleicht später», meinte er, nachdem er den Stummel ausgedrückt hatte. «Ich will euch sagen, was mich an der Sache so kribblig macht. Es ist das Wasser im Pool, versteht ihr? Wenn du ein Alkie bist, dann kann das eine ganz komische Wirkung auf dich haben. Kennst du das auch, Hogan?» Hogan schüttelte den Kopf. «Mir ist das mal passiert, wie ich in der Armee war.»

«Waren Sie beim Zweiten Weltkrieg dabei?» fragte Tim. «Gegen die Japaner oder so?»

«Nein, das hab ich verpaßt», sagte Mr. McAfee. «War ich zu jung.»

«Wir hams auch verpaßt», sagte Hogan.

«Aber während Korea war ich drin. Nur daß ich nie aus den Staaten rausgekommen bin. Ich war in dieser Band – 'ner Army-Band, wißt ihr – in Fort Ord, Kalifornien. Da gibt's überall diese kleinen Pinten, in den Bergen rund um Monterey, wo du einfach reingehen und spielen kannst, wenn du Lust hast. Sind 'ne Menge von Organisierten dort – haben in L. A. gespielt, wißt ihr, und werden eingezogen und kommen nach Ord. Studiomusiker die meisten, also kommst du oft mit wirklich guten Leuten zusammen. Eines Abends sitzen wir also in so 'ner Art Rasthaus, wir sind zu viert, wir spielen, und es klingt ziemlich gut. Wir haben alle einen in der Krone vom Wein, dort gibt's massenhaft Wein – wißt ihr – aus diesem Tal da oben, wie immer's auch heißt. Wir trinken also Wein und spielen – irgendwas, einen Blues oder so – und da kommt diese Lady rein. Weiße Lady. Von der Sorte, die bei Cocktailparties am Swimmingpool sitzt und Cocktails trinkt – kapiert? – yeah. Ihr versteht mich. Ist 'ne ziemlich stämmige Lady, nicht fett, neinnein, mehr handfest, und sie sagt, wir sollen alle mitkommen und auf 'ner Party spielen, die sie gerade gibt. Nun isses aber Dienstag oder Mittwoch, und wir wundern uns, wie *kann* das sein, daß sie 'ne Party hat, mitten unter der Woche. Na ja, sie sagt, die Party läuft schon seit dem Wochenende – nonstop, versteht ihr – und wie wir hinkommen, sehn wir – sie hat uns *nicht* verladen, o Mann! Da ist tatsächlich die Party – ein Grölen, ein Johlen, man hört es eine Meile weit. Unser Bariton-Sax, irgendein Italiener, Sheldon sowieso, er ist noch kaum in der Tür, da hängen schon zwei, drei Miezen an ihm rum und wollen – na ja, ist nicht euer Problem – wir bauen jedenfalls auf und legen los, und der Saft kommt wie mit einer Eimerkette, dauernd hält dir irgend jemand was unter die Lippen. Und wißt ihr, was das war? Champagner. Solider Champagner. Die ganze Nacht lang schlucken wir dieses Zeug, und etwa als die Sonne aufgeht, liegt jeder flach, und wir hören auch zu spielen auf. Ich streck mich einfach neben dem Schlagzeug hin, und weg bin ich. Das nächste, was ich weiß, ist dieses Mädchen – ich hör sie lachen. Ich rapple mich hoch, die Sonne scheint mir in die Augen, es ist erst neun oder zehn Uhr früh. Ich sollte mich schrecklich fühlen, Mann, aber es geht mir prima. Ich marschiere raus auf diese kleine Terrasse, es ist frisch und draußen hängt der Nebel – nicht bis runter zum Boden, sondern oben, in den Baumspitzen, Kiefern glaub ich, die Stämme sind – ihr kennt sie ja – ganz gerade und hoch. Und da ist dieser weiße Nebel und unten der Ozean, der Stille Ozean, und von weiter oben an der Küste kann man sogar das Übungsschießen in Fort Ord hören, eingepackt in den Nebel, *whummp, whummp* – so still war's. Ich geh weiter zum Swimmingpool raus, denk noch immer an das Mädchen, das gelacht hat, da kommt plötzlich der alte Sheldon um die Ecke gefetzt, mit diesem Mädchen hinter ihm her, und er kracht in mich rein und das Mädchen kann auch nicht mehr bremsen und wir landen alle drei mit allen unseren Klamotten im Pool. Und ich brauchte nur ein kleines bißchen Wasser zu schlucken, und wißt ihr was? Ich war wieder high, genauso high wie in der Nacht von all dem Champagner. Was sagt ihr dazu?»

«Klingt großartig», sagte Hogan. «Bis auf die Sache mit dem Alkohol, natürlich.»

«Ja, es war großartig», sagte Mr. McAfee. «Es war der einzige großartige Morgen, an den ich mich erinnern kann.» Und er schwieg eine Zeitlang. Dann klingelte das Telefon. Es war für Tim.

«Hey», sagte Grover am anderen Ende, «können wir rüberkommen? Etienne braucht ein Versteck für heute nacht.» Nachdem ihm nämlich doch noch ernsthafte Bedenken wegen seines Anschlags auf die Papiermühle, früher am Tag, gekommen waren. Ihm dämmerte, daß er diesmal etwas Ernstes angestellt hatte und daß die Polypen, wenn sie ihn erwischten, ihm auch auf seine anderen Schliche kommen und keine Nachsicht zeigen würden. In Grovers Haus würden sie ihn zuerst suchen. Er brauchte ein Versteck wie das Hotel, wenn er eine Chance haben wollte, ihnen durch die Maschen zu schlüpfen. Tim fragte Mr. McAfee, der na schön sagte, aber widerwillig.

«Machen Sie sich keine Sorgen», sagte Hogan. «Etienne hat nur Angst. Wie Sie.»

«Und du hast nie Angst?» sagte Mr. McAfee. Seine Stimme klang sonderbar.

«Nicht wegen Alkohol», sagte Hogan. «Ich glaub, bei mir war's nie so schlimm.»

«Gut, du weichst aus. Ich verstehe.» Er lag unbeweglich auf dem Bett, sein Gesicht sehr schwarz vor dem weißen Kissen. Tim merkte, daß er stark schwitzte. Der Schweiß lief ihm am Hals hinunter und machte nasse Flecken auf dem Kissenbezug. Er sah krank aus.

«Kann ich Ihnen irgendwas besorgen?» sagte Tim, etwas beunruhigt. Als keine Antwort kam, wiederholte er die Frage.

«Nur einen Drink», flüsterte Mr. McAfee zu Tim und deutete auf Hogan. «Versuch deinen Kumpel hier zu überreden, daß ich wenigstens 'nen Schluck zur Beruhigung bekomme. Ganz im Ernst, ich brauch jetzt wirklich was.»

«Sie dürfen nicht», sagte Hogan. «Das ist der ganze Witz. Das ist der Grund, weshalb ich hier bin.»

«So, du glaubst, das ist der Grund, weshalb du hier bist. Irrtum, mein Freund.» Er erhob sich langsam, als ob er irgendwo im Bauch Schmerzen hätte, und griff nach dem Telefonhörer. «Schicken Sie bitte eine Flasche Jim Beam rauf», sagte er, «und», demonstrativ die Anwesenden im Zimmer zählend, «drei Gläser. Ach so. Verstehe. Okay, nur ein Glas. Nein, ein Glas ist ja schon hier.» Er legte auf. «Der Bursche ist ein Fuchs», sagte er. «Immer hübsch am Ball seid ihr in Mingeborough, Massachusetts.»

«Hören Sie, warum haben Sie uns eigentlich gerufen», sagte Hogan. Er sprach in einem hüpfenden, störrischen Ton, was bedeutete, daß er jeden Augenblick in Tränen ausbrechen konnte. «Warum haben Sie sich überhaupt an die AA gewandt, wenn Sie sich eh besaufen wollten?»

«Ich brauchte Hilfe», erklärte Mr. McAfee, «und ich dachte, ich würde Hilfe kriegen. Und sie helfen mir ja auch, oder? Seht euch an, was sie geschickt haben.»

«Hey», sagte Tim, und Hogan begann zu heulen.

«Okay», sagte Mr. McAfee. «Raus mit euch, Jungs. Ab nach Hause.»

Hogan fing sich wieder und stellte sich stur. «Ich bleibe.»

«Den Teufel wirst du. Haut ab. Ihr seid die größten Witzbolde der Stadt, ihr solltet's merken, wenn man euch einen mitspielt. Geht zurück zu den AA und erzählt allen, daß ihr ihnen auf den Leim gekrochen seid. Zeigt ihnen, daß ihr wenigstens – na ja: anständige Verlierer sein könnt.» Dann standen sie alle da und starrten sich an in diesem winzigen Hotelzimmer mit dem Vierfarbdruck eines Chrysanthemenstraußes an der Wand und der eingerahmten Hausordnung neben der Tür, dem leeren, verstaubten Wasserkrug mit Trinkglas, dem einsamen Sessel, dem schmalen, beige bezogenen Bett und dem Geruch nach Desinfektionsmitteln, und es sah schon so aus, als würde nie wieder jemand irgendwohin gehen, als wären sie alle in eine Gruppe aus einem Wachsmuseum verwandelt; doch dann tauchten Grover und Etienne auf, und die Jungen ließen sie rein. Mr. McAfee ballte die Fäuste und ging wieder ans Telefon. «Schaffen Sie mir diese Kinder vom Hals», sagte er, «ich flehe Sie an!»

Etienne sah aus, als wäre er in einem akuten Schockzustand und doppelt so dick wie gewöhnlich. «Die Polypen haben uns gesehen», stammelte er immer wieder, «gell, Grovie, sie haben uns gesehen?» Er hatte seine komplette Taucherausrüstung mit, von der ihm schwante, daß sie ein erdrückendes Beweisstück wäre, wenn sie bei ihm zu Hause gefunden würde.

«Er ist nervös», sagte Grover. «Stimmt etwas nicht? Habt ihr Probleme?»

«Wir versuchen, ihn vom Trinken abzuhalten», sagte Hogan. «Erst hat er die AA um Hilfe gerufen, und jetzt will er uns rausschmeißen.»

«Ich nehme an», wandte sich Grover an den Mann, «daß

Sie sich der positiven Korrelation zwischen Alkoholmißbrauch und Herzinsuffizienz, chronischer Infektion der oberen Atemwege und Leberzirrhose bewußt sind, ganz abgesehen von –»

«Da kommt er endlich», sagte Mr. McAfee. In der Tür, die halboffen stand, erschien Beto Cufifo, der Zimmerkellner und stadtbekannte Trunkenbold, der längst im Ruhestand und Bezieher von Sozialhilfe gewesen wäre, wenn seine Wiege nicht in Mexiko gestanden und die dortige Polizei einen Haftbefehl wegen Schmuggels oder Autodiebstahls gegen ihn laufen gehabt hätte – das Vergehen variierte, je nachdem, wem er es auf die Nase band. Was ihn in die Berkshires verschlagen hatte, würde ewig ungeklärt bleiben. Meistens hielten ihn die Leute für einen Franko-Kanadier oder Italiener – die beiden einzigen plausiblen Sorten Ausländer in der Gegend –, und man merkte, daß er diese vage Doppelexistenz genoß, daß sie der Grund war, aus dem er in Mingeborough blieb.

«Eine Flasche Fusel», verkündete Beto. «Macht sechs Dollar fünfzig.»

«Was soll das, sechsfünfzig, ist das Zeug importiert?» sagte Mr. McAfee. Er hatte seine Brieftasche rausgezogen und warf einen kurzen Blick hinein. Tim konnte nur einen Schein sehen, eine Ein-Dollar-Note.

«Beschweren Sie sich beim Empfang», sagte Beto. «Ich serviere nur.»

«Hören Sie, wir setzen's auf meine Zimmerrechnung, okay?» sagte Mr. McAfee und griff nach der Flasche.

Beto verbarg die Flasche hinter seinem Rücken. «Er hat gesagt, Sie müssen gleich zahlen.» In seinem Gesicht waren so viele Falten, daß man den Ausdruck nicht leicht deuten konnte, aber Tim kam es vor, als lächelte er; ein fieses Lächeln. Mr. McAfee zog seinen Dollarschein heraus und hielt ihn Beto hin.

«Nun komm schon, setz es auf die Rechnung.» Tim sah, wie ihm der Schweiß runterlief, obwohl es sonst niemandem auch nur warm zu sein schien.

Beto nahm den Dollar und sagte: «Bleiben fünffünfzig. Tut mir leid. Da müssen Sie schon mit ihm am Empfang reden.»

«Hey, Jungs», sagte Mr. McAfee, «habt ihr nich 'n paar Mäuse für mich? Ich brauch noch fünfeinhalb – könnt ihr mir das nicht pumpen?»

«Nicht für Whiskey», sagte Hogan, «nicht mal wenn ich's hätte.» Die andern suchten ihr Kleingeld zusammen und zählten es in den Händen ab, aber es kamen nur etwa eineinviertel Dollar zusammen.

«Bleiben noch vier-fünfundzwanzig», verkündete Beto.

«O Mann, du bist 'ne richtige Addiermaschine», schrie Mr. McAfee. «Los, mach jetzt, rück die Flasche raus.»

«Wenn Sie mir nicht glauben», sagte Beto und deutete aufs Telefon, «dann rufen Sie hinunter. Er wird's Ihnen sagen.»

Für einen Augenblick sah es so aus, als würde Mr. McAfee tatsächlich unten anrufen. Dann sagte er: «Gut, wir teilen die Flasche, okay? Die Hälfte für jeden. Sie müssen eine ziemlich trockne Kehle haben bei all der Arbeit.»

«Ich trinke dieses Zeug nicht», sagte Beto. «Ich bin ein Weinzahn. Gute Nacht, Sir.» Er wollte die Tür schließen. Mr. McAfee sprang auf ihn zu und griff nach der Flasche. Beto, überrascht, ließ sie fallen. Sie landete auf dem Teppich und rollte etwa einen Meter weg. Mr. McAfee und Beto hatten sich bei den Armen gepackt und rangen miteinander, ziemlich ungeübt beide. Hogan grapschte sich die Flasche und raste zur Tür raus, und Mr. McAfee sah ihn und sagte etwas wie «O mein Gott» und versuchte, den Zimmerkellner abzuschütteln. Bis er es geschafft hatte und in der Tür war, hatte Hogan aber einen viel zu großen Vorsprung, und Mr. McAfee merkte es auch. Er blieb einfach stehen, lehnte den Kopf an den Türrahmen. Beto zog einen Kamm heraus und begradigte, was er noch an Haaren hatte. Dann zerrte er seinen Gürtel hoch und starrte Mr. McAfee an und drückte sich um ihn herum, raus in den Flur und rückwärts bis zum Aufzug, ohne den Blick von dem Farbigen zu wenden, als wolle er ihn so in Schach halten.

Grover, Tim und Etienne standen da und wußten nicht so recht, was sie tun sollten. Aus Mr. McAfees Kehle kam ein Geräusch, das noch keiner von ihnen bei einem Menschen gehört hatte – nur Norman, ein kleiner roter Straßenköter, der manchmal mit Pierre rumzog, wenn der nicht gerade pennte, Norman hatte einmal ein paar Hühnerknochen gefressen, die irgendwo in ihm steckengeblieben waren, und dann hatte er im Dunkeln dagelegen und so ein ähnliches Geräusch gemacht, bis Grovers Vater ihn in sein Auto lud und mit ihm wegfuhr. Und jetzt stand Mr. McAfee in der Tür und machte das gleiche Geräusch. «Hey», sagte Grover schließlich, ging zu ihm hin, nahm seine Hand, die kaum größer, aber viel dunkler war als Grovers eigene, und zog, und Tim sagte ja, komm doch, und Schritt für Schritt zerrten sie ihn weg von der Tür, während Etienne die beigefarbene Bettdecke zurückschlug, und brachten ihn dazu, sich hinzulegen, und deckten ihn zu. Plötzlich war von draußen eine Sirene zu hören. «Die Polente!» kreischte Etienne und verschwand im Badezimmer. Die Sirene zog an dem Hotel vorbei, und Tim schaute zum Fenster hinaus und sah einen Feuerwehrwagen in Richtung Norden fahren, und als es wieder ruhig war im Raum, hörten sie Wasser in die Badewanne einlaufen und Mr. McAfee weinen. Er hatte sich auf den Bauch gedreht und preßte sich das Kissen mit beiden Händen gegen den Kopf und weinte wie ein kleines Kind, saugte mit einem Stöhnen die Luft ein und stieß sie in einem langen Schluchzer wieder aus, immer und immer wieder, als würde er nie mehr damit aufhören.

Tim schloß die Tür und setzte sich auf den Stuhl am Schreibpult. Grover setzte sich in den Sessel, und so begann ihre Nachtwache. Zuerst kam das Weinen: das einzige, was sie dabei tun konnten, war dasitzen und zuhören. Einmal klingelte das Telefon. Es war der Nachtportier, der wissen wollte, ob sie irgendwelche Schwierigkeiten hätten, und Grover antwortete: «Nein, er ist in Ordnung. Es wird schon wieder.» Einmal mußte Tim ins Badezimmer, wo er Etienne im Froschmannsanzug untergetaucht in der randvollen Wanne vorfand, zusammengerollt, so daß er wie eine schwarze Wassermelone mit Armen und Beinen aussah. Er tippte ihm auf die Schulter, worauf Etienne wild um sich schlug und Tiefe zu gewinnen suchte. «Keine Polypen!» schrie Tim, so laut er konnte, «ich bin's, Tim!»

Etienne tauchte auf und nahm den Schnorchel ab. «Ich verstecke mich», erläuterte er. «Ich hab versucht, Schaum obendrauf zu machen, aber es war nur so 'n winziges Stück Seife da, und jetzt ist alles weg.»

«Komm rein und hilf uns», sagte Tim. Also kam Etienne ins Zimmer zurück, hinterließ eine Spur von Wasserlachen und hockte sich auf den Boden; dann saßen sie wieder da, zu dritt, und hörten dem Mann beim Weinen zu. Er weinte ziemlich lange und fiel schließlich in einen unruhigen Schlaf. Hin und wieder wachte er auf, redete eine Zeitlang und döste wieder weg. Manchmal nickte auch einer von den Jungen ein. Es erinnerte Tim an seine Nächte bei Grovie, an all die Polizisten, Schiffskapitäne und Schleppzugführer, die er über Funk hörte, deren Stimmen von einer unsichtbaren Kuppel am Himmel in Grovers Antenne und von dort in Tims Träume reflektiert wurden. Ihm war, als würde auch Mr. McAfee aus weiter

Ferne senden und von Dingen erzählen, deren sich Tim am hellen Tag nicht mehr so sicher sein würde: von einem Bruder, der eines Morgens während der Depression abgehauen war, auf einen Güterzug gesprungen und verschwunden, bis später diese einzige Postkarte aus Los Angeles kam und Mr. McAfee, damals noch ein Kind, es ihm gleichzutun versuchte, nur daß er beim ersten Anlauf nicht über Houston hinauskam; von einem mexikanischen Mädchen, mit dem er zusammengewesen war, hatte dauernd irgend so ein Zeug getrunken, ein Wort, das Tim nicht verstand, und einen kleinen Sohn gehabt, der an einem Klapperschlangenbiß krepierte (Tim sah die Schlange, sah sie auf sich zukommen und schreckte aus seinem Traum hoch, schreiend vor Angst), und so war sie eines Morgens einfach weggegangen, verschwunden wie der Bruder, in einen genauso menschenleeren Morgen, noch ehe die Sonne aufgegangen war; von Nächten, in denen er alleine irgendwo im Hafen saß und auf den schwarzen Golf hinausstarrte, wo die Lichter endeten, einfach aufhörten und einem dieses riesenhafte Nichts zurückließen; von Bandenkriegen, täglichen Prügeleien in allen Straßen seines Viertels oder draußen am Strand unter der sengenden Sommersonne; von Jobs in New York und in L. A., miesen Jobs in Tenorsax-Bands, die man vergessen konnte, wenn man's nur konnte; von Bullen, die ihn verknackt hatten, von Untersuchungsgefängnissen und den Typen, die er dort kennengelernt hatte, Namen wie Langes Messer, Paco-vom-Mond, ein gewisser Francis X. Fauntleroy (der mit seiner letzten Kippe Pall Mall im Bett eingeschlafen war, am schlimmen Morgen einer Nacht, in der er Pot und Wein gemischt hatte, gemeinsam mit einem Filmvorführer-Kumpel unter der Leinwand eines Drive-in-Kinos am Stadtrand von Kansas City, einem riesigen, gekrümmten Ding, während über ihnen ein Bild von John Wayne explodierte).

«Der gelbe Strom», sagte Tim andächtig. «Ja, den kenn ich. Den hab ich auch gesehen.»

Mr. McAfee schlief dann ein wenig, und als er wieder aufwachte, erinnerte er sich an ein anderes Mädchen, das er in einem Bus kennengelernt hatte, eine Tenorsax-Spielerin, frisch getrennt von einem weißen Musiker, mit dem sie gelebt hatte – der Bus war gerade aus Chicago raus, in Richtung Westen. Sie saßen ganz hinten, überm Motor, und sangen sich gegenseitig Scat-Chorusse vor, von allen möglichen Themen, und später in der Nacht schlief sie an seiner Schulter ein, und ihre Haare schimmerten und rochen süß, und irgendwo bei Cheyenne stieg sie dann aus und sagte noch, daß sie wahrscheinlich runter nach Denver gehen würde, also sah er sie nie wieder nach diesem letzten Blick auf ihre winzige Gestalt an der Ecke des alten Backsteinbahnhofs gegenüber der Bushaltestelle, zwischen hochrädrigen Gepäckkarren wie aus Cowboyfilmen, ihren Saxophonkoffer in der einen Hand und mit der anderen einmal winkend, während der Bus wieder anfuhr. Und er erinnerte sich, wie er einmal ganz genauso Abschied von Jill genommen hatte, nur war das in Lake Charles gewesen, in Louisiana, damals, als die Rekrutenschleiferei von Camp Polk noch Hochbetrieb hatte und die Straßen voll waren von besoffenen Soldaten, die sangen:

Viel Elend hab ich selbst gesehn am Einberufungs-
  tag,
Als vor die Kommission ich trat, das war ein harter
  Schlag,
Die Army, hieß es, braucht dich jetzt,
Drum, Freundchen: trete vor –
Jetzt sing ich mit im F. T. A.-, im F. T. A.-,
Im Fuck-the-Army-Chor ...

«F. T. A.?» sagte Grover.

«Future Teachers of America, natürlich», sagte Mr. McAfee, «ein sehr honoriger Verein.» Und Jill fuhr weiter nach Norden, nach St. Louis oder sonstwohin, und er fuhr zurück nach Hause, nach Beaumont, weil seine Mutter krank war. Er hatte mit Jill in Algiers gewohnt, am andern Ufer gegenüber New Orleans, und diesmal hatte es zwei Monate gedauert, nicht so lange wie ihre gemeinsame Zeit in New York und nicht so kurz und katastrophal wie die in Los Angeles; es war nur noch zu dem wehmütigen, gemeinsamen Eingeständnis gekommen, daß es dieses Lebewohl am Umsteigebahnhof geben mußte, inmitten von Betrunkenen, inmitten eines Sumpfes, mitten in der Nacht. «Hey, Jill», sagte er. «Hey, Baby.»

«Wen rufen Sie da?» fragte Grover.

«Es ist seine Frau», sagte Tim.

«Jill?» sagte der Mann auf dem Bett. Seine Augen waren geschlossen, und es sah aus, als kämpfe er darum, sie zu öffnen. «Ist Jill hier?»

«Sagten Sie nicht, sie würde kommen und Sie holen?» fragte Tim.

«Nein, nein, sie kommt nicht. Wer hat dir denn das erzählt, Mann.» Seine Augen flogen plötzlich auf, zu erschreckender Weiße. «Ihr müßt sie anrufen. Hey? Hogan? Rufst du sie für mich an?»

«Tim», sagte Tim. «Wie ist ihre Nummer?»

«In meiner Brieftasche.» Er zog seine Brieftasche heraus, eine alte, braune, rindslederne, gebläht von Papieren und Krimskrams. «Hier.» Er fingerte hektisch darin herum, verstreute den Inhalt am Boden, alte Geschäftskarten von Arbeitsvermittlern, Autohändlern, Restaurants aus dem ganzen Land; einen zwei Jahre alten Taschenkalender mit den Football-Spieltagen der University of Texas auf der einen Seite; ein Automatenfoto, auf dem er selbst in

Uniform zu sehen war, lächelnd, im Arm eine junge Frau im weißen Mantel, die die Augen niedergeschlagen hatte und auch ein bißchen lächelte; einen Ersatzschnürsenkel und eine Haarlocke von irgend jemandem, die aus einem gefalteten Kuvert mit dem angeschnittenen Namen eines Krankenhauses in der Ecke herausschaute; einen alten Armeeführerschein, der längst abgelaufen war; ein paar Kiefernnadeln, ein Saxophonblatt, alle möglichen Papierfetzen in den verschiedensten Formen und Farben. Auf einem blauen stand «Jill», daneben eine Adresse in New York und eine Telefonnummer.

«Hier.» Er reichte ihn Tim hinüber. «Melde ein R-Gespräch an. Weißt du, wie das geht?» Tim nickte. «Du mußt ein Ferngespräch verlangen, mit Voranmeldung für Miss Jill» – er schnippte mit den Fingern, um den Namen zurückzurufen – «Pattison. Ja.»

«Es ist spät», sagte Tim. «Wird sie noch auf sein?» Mr. McAfee sagte nichts. Tim bekam die Telefongesellschaft, die Fernvermittlung, und meldete das Gespräch an. «Sie wollen sicher nicht, daß ich *meinen* Namen angebe?»

«Nein, nein, sag ihnen Carl McAfee.» Dann schien die Leitung plötzlich tot zu sein. Als sie wieder stand, hörte man am Summton, daß der Apparat an ihrem Ende läutete. Er läutete sehr lange, dann meldete sich ein Mann.

«Nein», sagte er, «nein, sie ist an die Küste rüber, vor einer Woche.»

«Haben Sie eine Nummer, unter der man sie erreichen kann?» fragte die Frauenstimme aus der Vermittlung.

«Eine Adresse ist hier irgendwo.» Er legte den Hörer hin. Schweigen fiel in die Leitung ein, und ziemlich genau in diesem Augenblick begann Tim unter seinem Fuß die Kante eines Abgrunds zu spüren, an dem er entlanggegangen war – wer weiß, wie lange –, ohne es zu ahnen ... Er schaute hinunter, bekam Angst und schreckte zurück, aber nicht, ohne etwas Unangenehmes über die Nacht mitgekriegt zu haben: daß diese Nacht hier und in New York war und sicherlich an jeder Küste, von der dieser Mann gesprochen haben konnte, eine einzige Nacht über dem ganzen Land, die die Menschen, die ohnehin so winzig waren, auch noch unsichtbar machte mit ihrer Dunkelheit; und wie schwierig es sein mußte, wie hoffnungslos, wirklich jemanden zu finden, wenn man ihn plötzlich brauchte – außer, man lebte ein ganzes Leben lang so wie er, in einem Haus, mit Mutter und Vater. Er drehte sich nach dem Mann auf dem Bett um, und ihm dämmerte, wie alleine Mr. McAfee tatsächlich war. Was würde er machen, wenn sie dieses Mädchen nicht fanden? Und dann kam der Mann zurück ans Telefon und las eine Adresse vor, die Tim mitschrieb, und die Vermittlung wollte wissen, ob sie es bei der Auskunft in Los Angeles versuchen sollte.

«Ja», sagte Mr. McAfee.

«Aber sie kann Sie nicht abholen, wenn sie in Los Angeles ist.»

«Aber ich muß mit ihr reden.»

Und so lauschte Tim weiter auf das Klicken und Summen, das sich wie eine hörbare Hand ins Land hinaustastete, in die Dunkelheit, um vielleicht einen Menschen unter all den Millionen zu berühren, die dort draußen lebten. Schließlich hob ein Mädchen ab und meldete sich mit Jill Pattison. Die Vermittlung sagte, daß sie ein R-Gespräch von einem Carl McAfee hätte.

«Von wem?» war die Antwort.

Jemand klopfte an die Tür, und Grover stand auf, um nachzusehen. Die Vermittlung wiederholte Mr. McAfees Namen, und das Mädchen fragte wieder: «Wer?» Draußen standen zwei Polizisten. Etienne, der hinter dem Bett gesessen hatte, jaulte auf und watschelte mit Riesensätzen ins Badezimmer, wo er sich platschend in die Wanne zurückstürzte.

«Leon, unten vom Empfang, meinte, wir sollten mal reinschauen», sagte einer der Polizisten. «Hat dieser Mann euch Kinder mit aufs Zimmer genommen?»

«Der Nachtportier weiß, daß das nicht stimmt», sagte Grover.

«Was soll ich –» fragte Tim und wedelte mit dem Hörer.

«Häng ein», sagte Mr. McAfee. «Vergiß es.» Er ballte seine Hände zu Fäusten und lag da und blickte den Polizisten entgegen.

«Also, Freundchen», sagte der andere Polizist, «der Zimmerkellner erzählt, daß du vorhin nicht mal das Geld für eine Flasche Whiskey hattest.»

«So war das», sagte Mr. McAfee.

«Das Zimmer kostet sieben Dollar pro Nacht. Wie wolltest du das denn bezahlen?»

«Wollt ich ja gar nicht», sagte Mr. McAfee. «Betrachten Sie mich als Landstreicher.»

«Los, aufstehen», sagte der erste Polizist.

«Hey», sagte Tim, «das könnt ihr nicht machen. Er ist krank. Ruft die Anonymen Alkoholiker an – die wissen Bescheid.»

«Reg dich ab, mein Sohn», sagte der andere Polizist. «Er kriegt für heute nacht ein hübsches Gratiszimmer.»

«Ruft Dr. Slothrop an», sagte Tim. Die Polizisten hatten Mr. McAfee vom Bett hochgezogen und bugsierten ihn zur Tür.

«Meine Sachen?» sagte er.

«Um die wird sich schon jemand kümmern. Los jetzt. Und ihr haut auch ab, Jungs. Höchste Zeit, daß ihr nach Hause kommt.»

Tim und Grover folgten ihnen den Flur hinunter, in den Aufzug, durch die Eingangshalle, am Nachtportier vorbei und raus auf die menschenleere Straße, wo die Polizisten Mr. McAfee in einen Streifenwagen schoben. Tim fragte sich, ob ihre Stimmen je über Grovers Funkgerät gekommen waren, ob sie je in seinen Träumen mitgespielt hatten. «Seid vorsichtig», rief er ihnen zu. «Er ist wirklich krank. Ihr müßt euch um ihn kümmern.»

«Keine Sorge, wir werden uns bestens um ihn kümmern», sagte der Polizist, der nicht am Steuer saß. «Und das weiß er auch. Schau ihn dir an!» Tim schaute. Er sah nur das Weiße der Augen und einen Lichtreflex auf schweißnassen Wangenknochen. Dann fuhr der Wagen los, ließ nur einen Geruch nach Gummi und ein langgezogenes Quietschen an der Bordsteinkante zurück. Das war das letzte, was sie von Mr. McAfee sahen. Am nächsten Tag gingen sie zur Polizeiwache hinunter, aber die Polypen sagten, er sei nach Pittsfield geschafft worden, und es gab nicht die geringste Möglichkeit festzustellen, ob das die Wahrheit war.

Ein paar Tage später nahm die Papiermühle ihre Produktion wieder auf, und dann kam das jährliche Spartacus-Manöver, um das man sich kümmern mußte und schließlich diese Idee von Nunzi Passarella, alte Autobatterien vom Schrottplatz von Etiennes Vater zu besorgen und ein paar abmontierte Zusatzscheinwerfer und Cellophanfolien in einem kränkelnden Giftgrün und das Ganze in dem Einschnitt der Bahnlinie gleich hinter Mingeborough in Stellung zu bringen, wo der Zug wegen einer Kurve das Tempo drosseln mußte, und dann noch mindestens fünfzig Kinder zusammenzutrommeln, die sich alle möglichen Monstermasken aufsetzten und Dracula-Umhänge und Fledermausanzüge und dergleichen anzogen und seitlich auf die Böschung hockten, und dann genau in dem Augenblick die giftgrünen Lampen anzuknipsen, wenn der Zug um die Kurve kam, und mal zu sehen, was passierte. Es erschienen nur etwa halb so viele Kinder wie erwartet, aber es war trotzdem ein Erfolg: der Zug kam mit einem gräßlichen Quietschen zum Stillstand, Damen schrien, Schaffner brüllten, Etienne schaltete die Lampen wieder aus, und die Kinder flüchteten die Böschung hinauf und ab in die Felder. Von Grover, der eine selbst entworfene Zombiemaske zur Schau getragen hatte, war hinterher was Seltsames zu hören gewesen: «Ich fühle mich ganz anders jetzt, und besser, nachdem ich grün gewesen bin, auch wenn es Giftgrün war und nur für eine Minute.» Obwohl sie niemals drüber sprachen, empfand Tim ganz genauso.

Im Frühjahr sprangen er und Etienne zum erstenmal in ihrem Leben auf einen Güterzug und fuhren nach Pittsfield, um einen Händler namens Artie Cognomen aufzusuchen, einen untersetzten, pokergesichtigen ehemaligen Bostoner, der wie ein alter Ratsherr aussah und eine Pfeife rauchte, in deren Kopf die Gesichtszüge von Winston Churchill samt Zigarre eingeschnitzt waren. Artie handelte in Scherzartikeln. «Hab da ein sehr schönes Tröpfelglas mit dem Frühjahrssortiment hereinbekommen», informierte er sie, «außerdem eine große Auswahl an Furzkissen, Knallzigarren –» – «Nein», sagte Etienne. «Was für Verkleidungen haben Sie?» Artie zeigte alles, was er hatte – Perücken, falsche Nasen, Brillen mit Glubschaugen –, aber was sie schließlich kauften, waren ein paar Schnurrbärte, die man unter die Nase klemmen konnte, und zwei kleine Dosen mit schwarzer Schminke. «Ihr beiden scheint ja richtige Reaktionäre zu sein», meinte Mr. Cognomen. «Dieses Zeug liegt schon seit Jahren bei mir rum. Vielleicht ist es sogar schon weiß geworden. Wollt ihr das alte Vaudeville wieder zum Leben erwecken, oder was?» – «Einen Freund wollen wir wieder zum Leben erwecken», erwiderte Etienne sofort und ohne nachzudenken, und dann blickten er und Tim sich überrascht an, als ob eine vierte Person im Raum das gesagt hätte.

Dann waren, diesen Sommer, die Barringtons in den Northumberland Estates eingezogen, und wie üblich wußten die Kinder schon vorher davon. Ihre Eltern schienen plötzlich mehr vom Auftauchen der Barringtons zu reden als von irgend etwas anderem. Sie begannen, Wörter wie «einnisten» und «Integration» zu gebrauchen.

«Was ist das, Integration», wollte Tim von Grover wissen.

«Das Gegenteil von Differentiation», sagte Grover und zeichnete eine x-Achse, eine y-Achse und eine Kurve auf seine grüne Tafel. «Dieser Graph sei eine Funktion von x. Betrachten wir seine Werte bei kleinen Zunahmen von x» – er zog senkrechte Linien von der Kurve zur x-Achse hinunter, wie die Gitterstäbe einer Zelle – «und wir sehen, daß wir so viele davon berechnen können, wie wir wollen, siehst du, so eng nebeneinander, wie du willst.»

«Bis alles dicht ist», sagte Tim.

«Nein, es wird nie dicht. Wenn das eine Gefängniszelle wäre, und die Linien wären Stäbe und der, der in der Zelle sitzt, könnte sich so dünn machen, wie er wollte, dann würde er immer rauskommen. Ganz egal, wie dicht beieinander die Stäbe wären.»

«Und das ist Integration», sagte Tim.

«Die einzige, von der ich je gehört habe», sagte Grover. Später am Abend schalteten sie auf die Wanze im Schlafzimmer von Grovers Eltern, um zu horchen, ob es etwas Neues von der Negerfamilie gäbe, deren Einzug bevorstand.

«Sie sind ganz schön unruhig dort oben», sagte Mr. Snodd. «Keiner weiß, ob er jetzt verkaufen oder die Sache durchstehen soll. Sobald einer die Nerven verliert, ist die Panik da.»

«Ja», sagte Grovers Mutter, «wenigstens haben sie keine Kinder, Gott sei Dank. Sonst gäbe es im Elternbeirat auch noch Panik.»

Aufmerksam geworden, schickten sie Hogan in die nächste Sitzung, um zu erfahren, was los war. Hogan bestätigte, was sie gehört hatten: «Sie sagen, diesmal sind noch keine Kinder dabei, aber man muß an die Zukunft denken und vorbereitet sein, wenn es mal soweit kommt.»

Es war schwer zu verstehen, warum ihre Eltern alle so beunruhigt waren. Und nicht nur beunruhigt, wie sich bald zeigte, sondern auch falsch informiert. Am Tag, nachdem die Barringtons schließlich eingezogen waren, gingen Grover und Etienne nach der Schule bei ihrem Haus vorbei, um sich mal umzusehen. Dem Haus war nichts anzumerken, was es von den anderen im Neubaugebiet unterschieden hätte; aber dann, gegen eine stählerne Straßenlampe gelehnt und sie beobachtend, sahen sie den Jungen. Er war ziemlich schmal und dunkel und er trug einen Pullover, obwohl es draußen warm war. Die anderen stellten sich vor und erzählten, daß sie auf dem Weg zur Fußgängerbrücke wären, um wassergefüllte Luftballons auf die Autos zu schmeißen, und ob er nicht mitkommen wolle?

«Wie heißt du?» fragte Etienne.

«Ich heiße», sagte der Junge und schnalzte mit den Fingern, «ich heiße – Carl. Yeah, *Carl* Barrington.» Stellte sich raus, daß er ein perfektes Auge dafür hatte, die Wasserballons genau auf die Windschutzscheiben zu plazieren. Später gingen sie zum Schrottplatz rüber und machten ihren Blödsinn mit Kugellagerkugeln und kaputten Automatikgetrieben, und dann begleiteten sie Carl nach Hause. Am nächsten Tag kam er zur Schule, und von da an jeden Tag. Er saß ruhig auf einem Platz in der Ecke, der bisher freigeblieben war, und wurde nie aufgerufen, obwohl er in manchen Dingen ebenso beschlagen war wie Grover. Etwa eine Woche später fand Grover die andere Bedeutung von «Integration» heraus, im Fernsehen, bei Huntley und Brinkley, der einzigen Sendung, die er sich ansah.

«Es bedeutet, weiße und farbige Kinder in derselben Schule», sagte Grover.

«Dann sind wir integriert», sagte Tim. «Hey!»

«Ja. Sie wissen's nicht, aber wir sind integriert.»

Dann begannen Tims und Grovers Eltern und, wie Hogan erzählte, sogar der progressive Dr. Slothrop mit diesen Telefonanrufen, mit den Beleidigungen, mit den schmutzigen Wörtern, die sie so wütend machten, wenn die Kinder sie benutzten. Etiennes Vater war der einzige von allen Eltern, der sich rauszuhalten schien. «Er sagt, warum hören die Leute nicht auf, sich wegen der Neger Sorgen zu machen und sorgen sich statt dessen wegen der Automation», berichtete Etienne. «Was ist das, Grovie, Automation?»

«Das steht erst ab nächster Woche auf meinem Stundenplan», sagte Grover. «Dann erzähl ich's dir.» Was er aber nicht tat, weil sie zu diesem Zeitpunkt wieder bis zum Hals in den Vorbereitungen für das diesjährige Spartacus-Manöver steckten. Sie verbrachten immer mehr Zeit oben im Versteck bei König Yrjö, beim Schmieden ihres Komplotts. Sie wußten inzwischen, nach nunmehr drei Jahren, daß die Wirklichkeit ganz erheblich hinter ihren Plänen zurückbleiben würde, daß etwas Träges und Unsichtbares, das sie nicht verletzen oder betrügen konnten (aber wer wäre so weit gegangen, es Liebe zu nennen?), immer zwischen ihnen und jedem eindeutigen, unumkehrbaren Schritt stehen würde, ähnlich wie die pudrige Fiktion der Schulmauer auf Fazzos Feld voriges Jahr die Kleinen zurückgehalten hatte. Weil jeder von den Lehrern, von der Eisenbahn, vom Elternbeirat und von der Papiermühle irgendwessen Vater oder Mutter sein mußte, sei es in Wirklichkeit oder als Anhänger einer Kategorie; und weil es einen Punkt gab, an dem der Reflex auf die behütende Wärme der Eltern, auf ihren Schutz, ihre Nützlichkeit bei schlimmen Träumen, zerbeulten Köpfen und schlichter Einsamkeit übermächtig wurde und jede lohnende Wut auf sie im Keim erstickte.

Und dennoch saßen sie nun hier, zu viert in der geheimen Kammer, die mit dem Einbruch der Nacht kühl geworden war, während Pierre, der Dachshund, ruhelos in den Ekken herumschnüffelte. Sie beschlossen einstimmig, daß Carl eine Aufwand/Nutzen-Analyse bezüglich des Luftrauslassens bei Autoreifen auf dem Parkplatz des Einkaufszentrums in Angriff nehmen sollte und daß Etienne größere Anstrengungen unternehmen mußte, um die Einzelteile für das gigantische Natriumkatapult zusammenzubekommen, das Grover entworfen hatte; und daß Tim jeden künftigen Durchlauf beim Unternehmen Spartacus mit zusätzlichen Lockerungsübungen nach dem Vorbild der Königlich Kanadischen Luftstreitkräfte einleiten würde. Grover teilte ihnen die Mitarbeiterstäbe zu, die sie dafür zu brauchen glaubten, und damit war die Sitzung endlich geschlossen. Im Indianermarsch schnürten sie durch das Spießrutenkabinett der Schatten, Echos und grauenvollen Möglichkeiten zurück zum Seitenausgang, traten hinaus in den Regen, der nicht nachgelassen hatte, und gingen wieder an Bord der *S. M. S. Leck*.

Sie ruderten bis zum Kanalrohr unter der Staatsstraße, durchquerten es zu Fuß und umwanderten ein Stück Sumpfgelände bis zu Fazzos Feld, um noch einmal den Schauplatz des Manövers zu inspizieren. Dann gingen sie hinüber zur Bahnstrecke jenseits des Punktes, den sie Foxtrott genannt hatten, und kauerten sich zwischen kahlen Felsbirnenbüschen nieder, deren Früchte sie schon früher im Jahr aufgegessen hatten, und schleuderten Steine auf die Gleise, um auszutesten, wie steil der Feuerwinkel sein mußte. Sie erfuhren nicht allzuviel darüber, weil es schon fast völlig dunkel war. Also marschierten sie entlang der Strecke bis kurz vor den Bahnhof von Mingeborough, schnitten in die Stadt hinüber ab und landeten im Süßwarenladen, wo sie sich, mittlerweile schon ein wenig müde, an der leeren Theke aufreihten und vier Lime/Zitronen-Mix mit Wasser bestellten. «Vier?» fragte die Frau hinter dem Zapfhahn. «Vier», sagte Grover, und wie immer warf sie ihnen einen komischen Blick zu. Sie hingen noch eine Weile bei den Drehständern herum und blätterten Comics durch; dann begleiteten sie Carl nach Hause, durch immer dichter werdenden Regen.

Noch bevor sie die Straße der Barringtons erreichten, spürten sie, daß irgendwas nicht stimmte. Zwei Autos und ein Kleinlaster, der eine Müllspur hinter sich herzog, kamen ihnen mit Karacho entgegen, die Scheibenwischer schlugen wütend, die Reifen spritzten Wasserwände hoch, die sie voll erwischten, obwohl sie in einen Vorgarten hinaufgesprungen waren. Tim sah zu Carl hinüber, aber Carl sagte nichts.

Als sie zu Carls Haus kamen, fanden sie den ganzen Vorgarten voller Müll. Eine Zeitlang standen sie nur da; dann, wie unter einem Zwang, begannen sie, ihn mit den Füßen durchzuwühlen, nach Hinweisen zu suchen. Der Müll lag fast knietief über den ganzen Garten verstreut, exakt bis zur Grundstücksgrenze. Sie mußten ihn mit dem Kleinlaster hergeschafft haben. Tim entdeckte die vertrauten A&P-Einkaufstüten, die seine Mutter immer mit nach Hause brachte, und die Schalen von ein paar großen, gelben Orangen, die ihnen eine Tante als Gruß aus Florida geschickt hatte, und die Halbliterpackung von dem Ananaseis, das er selbst am vorvorigen Abend gekauft hatte, und all die anderen Intimitäten des Wegwerfanteils, der Schattenhälfte ihres Familienlebens in der vergangenen Woche, die zerknüllten Briefumschläge, die an seinen Vater und seine Mutter adressiert waren, die Stummel der schwarzen De-Nobili-Zigarren, die sein Vater nach dem Abendessen gerne rauchte, die zerdrückten Bierdosen, die immer genau in der Mitte des Wortes ‹Bier› eingedellt waren, ganz so, wie es sein Vater machte und wie er es auch ihm beigebracht hatte – zehn Quadratmeter unwiderleglicher Beweise. Grover ging herum und glättete Papierknäuel und wühlte herum und stellte fest, daß sein Müll ebenfalls hier war. «Und der von den Slothrops, und von den Mostlys», meldete Etienne, «und wahrscheinlich auch von einer Menge Leute aus dem Neubaugebiet hier.»

Sie waren seit etwa fünf Minuten dabei, den Müll aufzusammeln und in die Tonnen zu werfen, die sie neben der Garage entdeckt hatten, als die Haustür aufflog und Mrs. Barrington erschien und sie anschrie.

«Aber wir räumen auf», sagte Tim. «Wir sind auf Ihrer Seite.»

«Wir brauchen eure Hilfe nicht», rief die Frau. «Wir brauchen keinen von euch auf unsrer Seite. Jeden Tag danke ich meinem Herrgott im Himmel dafür, daß wir keine Kinder haben, die von einem Pack wie euch verdorben werden können. Und jetzt verschwindet. Geht weg.» Sie begann zu weinen.

Tim zuckte mit den Achseln und ließ eine Orangenschale fallen, die er in der Hand hatte. Er überlegte, ob er eine Bierdose mitnehmen und seinem Vater unter die Nase halten sollte, aber dann dachte er sich, daß ihm das höchstens eine Tracht Prügel einbringen würde, eine gewaltige Tracht, also ließ er's lieber sein. Die drei machten sich langsam davon, blickten hin und wieder zurück zu der Frau, die noch immer in ihrer Haustür stand. Sie waren schon zwei Straßenecken weiter, als sie merkten, daß Carl noch immer bei ihnen war.

«Sie hat's nicht so gemeint», sagte er. «Sie ist einfach – ganz außer sich, wißt ihr?»

«Jaja», sagten Tim und Grover.

«Ich weiß nicht» – der Junge, schon fast unsichtbar im Regen, deutete zurück auf das Haus –, «ob ich jetzt reingehn soll, oder was? Was soll ich denn machen?»

Grover, Tim und Etienne schauten sich an. Dann sagte Grover, als gemeinsamer Sprecher: «Warum tauchst du nicht für 'ne Weile unter?»

«Yeah», sagte Carl. Sie gingen hinunter zum Einkaufszentrum und quer über den feuchtglänzenden, schwarzen Parkplatz, auf dem sich grünliche Quecksilberdampf-Lampen und ein rotes Supermarktsignet und ein blaues Tankstellenschild und viele gelbe Lichter spiegelten. Sie gingen mitten zwischen diesen Farben auf der weiten, schwarzen Teerfläche, die sich bis zu den Bergen zu erstrecken schien.

«Ich glaub, ich geh – am besten zum Versteck hoch, wißt ihr», sagte Carl, «rauf zu König Yrjös Haus.»

«Bei Nacht?» sagte Etienne. «Und der Kalvarienoffizier?»

«Kavallerie», sagte Grover.

«Wird mir nichts tun», sagte Carl. «Das wißt ihr doch.»

«Wissen wir», sagte Tim. Natürlich wußten sie's: wußten alles, was Carl sagte. Es konnte nicht anders sein: Er war, was die Erwachsenen, wären sie eingeweiht gewesen, einen «imaginären Spielgefährten» genannt hätten. Seine Worte waren der Kinder eigene Worte; auch seine Gesten, die Grimassen, die er schnitt, die Dinge, die ihn zum Weinen brachten, die Art, wie er Körbe warf – alles von ihnen mit einer Verstärkung oder Anmut versehen, die sie so selbst zu erreichen hofften. Carl war montiert worden aus Sätzen, Bildern, Möglichkeiten, von denen sich die Erwachsenen abgewandt hatten, die sie von sich gestoßen und an die Ränder ihrer Städte verbannt hatten, als wären es Autoteile auf dem Schrottplatz von Etiennes Vater – Dinge, mit denen sie nicht leben konnten oder wollten, mit denen die Kinder aber endlose Stunden verbringen konnten, die sie zusammensetzten, wieder ummontierten, aus sich nährten, programmierten und verfeinerten. Er gehörte ganz und gar ihnen, war ihr Freund und Roboter, dem sie ihre Zuneigung und ungetrunkene Sodas schenkten, den sie in Gefahren schickten oder sogar, wie jetzt, am Ende, aus ihrem Gesichtsfeld verbannten.

«Wenn's mir gefällt», sagte Carl, «bleib ich vielleicht eine ganze Weile.» Die andern nickten, und Carl riß sich los, trabte im Dauerlauf über den Parkplatz davon und winkte ihnen zum Abschied zu, ohne sich noch einmal umzudrehen. Als er sich ganz im Regen aufgelöst hatte, steckten die drei Jungen ihre Hände in die Taschen und machten sich auf den Heimweg zu Grovers Haus.

«Grovie», sagte Etienne, «sind wir jetzt noch integriert? Auch wenn er nicht zurückkommt? Irgendwo auf einen Güterzug aufspringt oder so was?»

«Frag deinen Vater», sagte Grover. «Ich weiß überhaupt nichts mehr.» Etienne hob eine Handvoll nasses Laub vom Boden auf und stopfte es Grover in den Rücken. Grover trat in eine Pfütze, um ihn zu bespritzen, traf aber statt dessen Tim. Tim sprang hoch und rüttelte an einem Ast, so daß Grover und Etienne eine Dusche abbekamen. Etienne versuchte, Tim über Grover zu schubsen, der auf allen vieren kauerte, aber Tim gab den Stoß weiter und drückte Grovers Gesicht in den Schlamm. So verließen sie die Lichter des Einkaufszentrums und nahmen Abschied von Carl Barrington, überließen ihn den anderen verblichenen Gespenstern des alten Landsitzes und dessen ungewissem Schutz; und tollten davon in den Regen dieser

Nacht, jeder endlich zu seinem eigenen Zuhause, seiner heißen Dusche, einem trockenen Handtuch, dem Fernsehen vor dem Schlafengehen, einem Gutenachtkuß und zu Träumen, die niemals mehr ganz unbeschwert sein konnten.